Volker Perthes

Der Aufstand

Die arabische Revolution
und ihre Folgen

Pantheon

Verlagsgruppe Random House FSC-DEU-100
Das für dieses Buch verwendete FSC®-zertifizierte
Papier *PamoHouse* liefert
Arctic Paper Mochenwangen GmbH.

Der Pantheon Verlag ist ein Unternehmen der
Verlagsgruppe Random House GmbH.

Erste Auflage
November 2011

Copyright © 2011 by Pantheon Verlag, München,
in der Verlagsgruppe Random House GmbH

Umschlaggestaltung: Büro Jorge Schmidt, München
Lektorat und Satz: Ditta Ahmadi, Berlin
Karte: Peter Palm, Berlin
Druck und Bindung: GGP Media GmbH, Pößneck
Printed in Germany
ISBN 978-3-570-55174-5

www.pantheon-verlag.de

Inhalt

Einleitung

Wie fast überall ist Politik auch in der arabischen Welt und im Nahen Osten zunächst einmal lokaler Natur. Ursprünglich lokale Ereignisse und Entwicklungen gewinnen hier allerdings immer rasch eine regionale, oft sogar eine internationale Dimension. So wirkte die Revolution in Tunesien, eines eher kleinen und wenig einflussreichen arabischen Landes, als Zündfunke einer regionalen politischen Veränderungsbewegung. Nur wenige Tage nachdem der tunesische Präsident sich am 14. Januar 2011 ins saudische Exil abgesetzt hatte, versammelten sich Zehntausende auf dem Tahrir-Platz in Kairo, um gegen das Regime des ägyptischen Präsidenten Husni Mubarak zu demonstrieren. Mit dessen Sturz, keine drei Wochen später, wurde klar, dass der Aufstand, der in Tunesien begonnen hatte, keines der arabischen Länder zwischen Maghreb und Persischem Golf unberührt lassen würde.

Die Menschen in den einzelnen arabischen Staaten lassen sich ganz offensichtlich von den Ereignissen bei den Nachbarn inspirieren. Die Gemeinsamkeiten hinsichtlich der Missstände, gegen die die Proteste sich richten, bei den Forderungen nach Veränderung und auch bei der sozialen Basis, die sie trägt, sind unübersehbar. Und doch verlaufen die Ereignisse in den einzelnen arabischen Ländern unterschiedlich – Politik wird eben von den lokalen Gegebenheiten geprägt. Ausländischen Beobachtern sind die Unterschiede zwischen den Ländern in der arabischen Welt gelegentlich entgangen:

Nicht nur verfügen die verschiedenen Regime über ein im einzelnen sehr unterschiedliches Maß an materiellen und politischen Ressourcen, sie sind also reicher oder ärmer, genießen mehr oder weniger Glaubwürdigkeit und Legitimität. Auch die politischen Systeme, die historischen Erfahrungen und die institutionelle Entwicklung der einzelnen Staaten sind nicht gleich. Dies alles trägt dazu bei, dass auch Oppositionsbewegungen sich unterschiedlich zusammensetzen, Protest sich unterschiedlich äußert und Regierungen damit unterschiedlich umgehen.

Der Aufstand der Menschen in der arabischen Welt muss als ein historisches Großereignis begriffen werden, das von seiner Bedeutung her mit der Zeitenwende von 1989 in Mittel- und Osteuropa vergleichbar ist. Der Umbruch ist revolutionär, er hat die gesamte Region erfasst. Aber er ist noch unabgeschlossen, er wird schwieriger werden als die Systemwende in den Staaten des Ostblocks, blutiger verlaufen und länger dauern. Und die Ergebnisse dieses Prozesses werden uneinheitlich sein, sodass die Unterschiede zwischen den einzelnen arabischen Ländern zunächst jedenfalls noch deutlicher zutage treten dürften als heute schon. Auch wenn die Bürger der verschiedenen Staaten sich unübersehbar nähergekommen sind.

Der Aufstand des Jahres 2011 ist nur der Beginn einer grundlegenden Umgestaltung der politischen und gesellschaftlichen Verhältnisse in der arabischen Welt. Viele der beteiligten Akteure und nahen Beobachter haben seit dem Auftakt der revolutionären Ereignisse immer wieder darauf hingewiesen, dass es sehr viel leichter sei, einen Diktator zu stürzen als eine Demokratie aufzubauen. Bislang, bis zu dem Zeitpunkt, da dieses Buch abgeschlossen wird, hat der Aufstand ohnehin erst in drei arabischen Staaten einen Machtwechsel bewirkt. Die große Aufgabe, neue, demokratische oder zumindest repräsentativere, verantwortliche und besser regierte politische Systeme im Nahen und Mittleren Osten aufzubauen und zu konsolidieren, wird sicherlich ein Jahrzehnt, vielleicht länger brauchen. Sie wird auch eine Herausforderung für Europa sein, das die Ereignisse in dieser Nachbarregion zwar nicht bestimmen kann, wohl aber beeinflussen wird.

Derzeit, ganz am Anfang dieser Umwälzung, ist es zunächst einmal wichtig zu verstehen, was in der Region des Nahen und Mittleren Ostens sowie Nordafrikas geschieht und geschehen ist, wer hier handelt, in welche Richtung die Politik der einzelnen Länder sich entwickelt und welche regionalen Dynamiken entstehen können.

Zu der »Region«, von der hier gesprochen wird, gehören nicht nur die arabischen Staaten, sondern natürlich auch Israel und Iran, die untrennbarer Teil des Nahen beziehungsweise des Mittleren Ostens sind, aber eben, weil sie keine arabischen Staaten sind, auch nicht zur arabischen Welt gerechnet werden. Der Fokus in diesem Buch richtet sich eindeutig auf die Staaten der arabischen Welt mit gelegentlichen Seitenblicken auf Iran und Israel. Auch die arabischen Staaten von Marokko im Westen bis zum Irak und zur Arabischen Halbinsel im Osten spielen nicht alle die gleiche Rolle, weder allgemein in der regionalen Politik noch für den Verlauf und die Folgen des Aufstands oder der Revolution von 2011. Wir werden uns deshalb die Länder, die von der Welle der Veränderung bereits erfasst worden sind, besonders intensiv anschauen, Entwicklungen in den übrigen Staaten eher skizzieren.[1] Und ich werde, nicht anders als die Akteure und Beobachter in der Region, gelegentlich vom Aufstand, dann von den Revolutionen in Tunesien und Ägypten, von einzelnen Aufständen oder Revolten oder auch vom arabischen Frühling sprechen. Der Begriff des Frühlings ist optimistisch und schön, er verklärt aber auch. »Aufstand« – arabisch *intifada* – trifft die gemeinsame Realität vielleicht am besten.

Um den politischen Hintergrund der Ereignisse verständlich zu machen, eröffne ich das erste Kapitel mit einer Art Querschnittbild, einer kurzen Skizze der politischen Verhältnisse in der arabischen Welt sowie der sozio-ökonomischen Faktoren, die den Aufstand verursacht und ermöglicht haben. Ich richte dann den Blick auf einzelne Länder, vor allem auf jene, in denen ein erfolgreicher Umbruch stattfand, eine Revolte – zunächst ? – scheiterte oder die Ereignisse in anhaltende Gewalt mündeten. Dabei stelle ich die zum Teil so unterschiedlichen Ereignisverläufe nebeneinander, um bei aller Unterschiedlichkeit auch die Gemeinsamkeiten sichtbar werden zu lassen. Die Geschehnisse in Ägypten, das, wie wir sehen werden, eine so zentrale Rolle für die Entwicklung in der arabischen Welt spielt, erfahren dabei besondere Aufmerksamkeit.

Im dritten Kapitel wollen wir uns Gedanken über die weiteren Entwicklungen des bislang – und wohl noch auf Jahre – offenen arabischen Umwälzungsprozesses machen. Dabei geht es nicht um Vorhersagen oder präzise Prognosen. Das wäre wenig seriös. Vielmehr werde ich ein kurzes, hoffentlich plausibles Szenario entwerfen, also eine »mögliche Zukunft« für die politische Entwicklung der arabischen Staaten skizzieren. Dieses enthält auch einige Überlegungen zu den Dynamiken zwischen den Staaten, der regionalen Geopolitik, die bereits durch die Machtwechsel in Tunesien und vor allem in Ägypten verändert wurde. Abschließend wird die Rolle Europas und der internationalen Gemeinschaft beleuchtet.

Dies ist mit Absicht ein kurzes Buch, das sich mit aktuellen, laufenden Prozessen beschäftigt und deren Hintergründe darstellt. Diejenigen, die ausführlichere Analysen zur jüngeren politischen Geschichte der Region, zu den Entwicklungen einzelner Länder, zum Nahostkonflikt und zum regionalen Beziehungsgeflecht erwarten, muss ich auf frühere Bücher verweisen. Hier präsentiere ich in vieler Hinsicht eine Momentaufnahme. Für ein abschließendes Gesamtbild ist es noch zu früh.

Dieses Buch ist im Sommer 2011 entstanden. Letzte Ergänzungen habe ich noch während des Lektoratsprozesses vorgenommen, um aktuelle Entwicklungen einzufangen. Aber irgendwann musste die Darstellung abgeschlossen werden. Ein Buch ist kein Blog, den man beliebig ergänzen kann. Der Text sollte aber dazu beitragen, den weiteren Gang der Ereignisse besser zu verstehen.

Kenner des Arabischen werden mir hoffentlich nachsehen, dass ich arabische Eigennamen nach Möglichkeit in der Form wiedergebe, die die entsprechenden Personen selbst nutzen, wenn sie ihre Namen in lateinischen Buchstaben schreiben. Auch bei Quellenangaben für Zitate aus arabischen Zeitschriften- oder Zeitungsartikeln verzichte ich aus Gründen der Lesbarkeit auf eine Wiedergabe der arabischen Titel in Umschrift, übersetze diese vielmehr gleich ins Deutsche. Alle Übersetzungen, so nicht anders angegeben, sind meine eigenen.

Dank gebührt allen genannten und nicht genannten Gesprächspartnern aus der Region, die mir oft genug geholfen haben, eigene Einschätzungen kritisch zu überprüfen und anzupassen. Ich danke auch meinen Mitarbeiterinnen Marion Calistri und Nicole Renvert, die die Entstehung und Fertigstellung des Manuskripts wie immer professionell unterstützt haben. Besonders dankbar bin ich Wibke Hansen – nicht nur, aber auch weil ohne ihren Zuspruch dieses Buch nicht geschrieben worden wäre.

Warum eigentlich erst jetzt?

Im Grunde standen sich in den Diskussionen und Debatten, die bei uns und in anderen, keineswegs nur westlichen Ländern über Politik, Staat und Gesellschaft im Nahen und Mittleren Osten geführt wurden, immer zwei Betrachtungsweisen gegenüber. Auf der einen Seite fanden sich diejenigen, die sicher waren, dass sich in dieser Region substantiell auch auf längere Frist wenig oder gar nichts ändern werde – und die uns erklärt haben, warum das so ist. Auf der anderen Seite fanden sich jene Beobachter regionaler Verhältnisse und Entwicklungen, die zu ergründen versuchten, warum die Dinge auch in dieser Region nicht ewig bleiben könnten und würden wie sie sind – und sich dann zu erklären bemühten, wodurch, zeitweise oder bislang zumindest, die eigentlich unhaltbaren Verhältnisse (noch) stabilisiert würden.

Wer hingeschaut, die politischen Verhältnisse und die wirtschaftlichen und sozialen Daten auf ihre Bruchpunkte und nicht nur auf Handelspotentiale hin untersucht hat, wer die Diskussionen in der arabischen Welt wie auch in Iran verfolgt, Entwicklungsberichte wie den gern zitierten und immer wieder ignorierten *Arab Human Development Report*[2] gelesen hat, vor allem aber nicht nur mit Regierungspolitikern und anderen offiziellen Repräsentanten der Staaten, sondern mit Wissenschaftlern und Journalisten – bitte immer auch lesen: Wissenschaftlerinnen und Journalistinnen –, Künstlern, Geschäftsleuten, Beschäftigten im Staats- und im Privatsektor, politischen Aktivisten und Aktivistinnen und vor allem jungen Leuten unterschiedlichster Überzeugung gesprochen hat, konnte zwar von Zeitpunkt und Verlauf der Ereignisse überrascht sein, die in Tunesien begannen, nicht aber von dem Veränderungsdruck, der dahinterstand. 2002 hatte ich mit Blick auf eine Serie frischer Anti-Regime-Proteste, die Algerien kurz zuvor – also nach dem Ende des Bürgerkriegs der neunziger Jahre – erlebt hatte, geschrieben, dass diese »Welle sozialen Protests … andeuten (mag), was auch anderen Staaten des Maghreb oder des Nahen Ostens drohen könnte, wenn autoritäre Regime die eigene, immer jünger und zunehmend besser informierte Bevölkerung als vernachlässigbare Größe behandeln«.[3] Meine eigenen *Orientalischen Promenaden* – 2006 zum ersten Mal veröffentlicht – waren in diesem Sinne ein langer Spaziergang durch eine Region »im Umbruch«, deren politische Verhältnisse spätestens seit den neunziger Jahren des 20. Jahrhunderts in vieler Hinsicht unhaltbar geworden, zumindest aber nicht mehr zukunftsfähig waren.[4]

Für ihn, erklärte uns Abdulkhaliq Abdallah, ein Politikprofessor aus den Vereinigten Arabischen Emiraten, in einer kleinen Gesprächsrunde kurz nach dem Umsturz in Ägypten, liege nach Jahrzehnten der Frustration, der Demütigung und der Einparteien- oder Einpersonenherrschaft die eigentliche Überraschung nicht in der Revolution von 2011, sondern darin, dass diese nicht schon viel früher zum Ausbruch gekommen sei. Die politisch-sozialen Verhältnisse in den Staaten der Region waren in der Tat seit Längerem veränderungsreif. Fast überall, so weit lässt sich generalisieren, waren sie durch eine extrem schlechte Regierungsführung gekennzeichnet, also durch eklatante Verletzungen von Menschenrechten und Menschenwürde, durch Korruption und wachsende Ungleichheit und durch die besondere Benachteiligung von Frauen und jungen Leuten. Und wir haben beziehungsweise hatten es quer durch die Region mit überwiegend autoritären, jedenfalls nicht-demokratischen politischen Systemen zu tun.

Falsche Stabilität

Trotz aller Ähnlichkeiten, auf die wir gleich kommen werden, unterschieden und unterscheiden sich die politischen Systeme und auch die sozio-ökonomischen Verhältnisse in den arabischen Staaten zum Teil deutlich voneinander. Neben den überwiegend konservativen Monarchien am Persischen Golf, in denen die jeweils herrschende Familie mit wenig oder nahezu ohne Kontrolle und politische Beteiligung regiert, finden sich die liberaleren und auch politisch liberalisierten Monarchien Jordanien und Marokko. Neben diktatorisch regierten Republiken wie Syrien, Libyen und – bis zum Umsturz von 2011 – Tunesien entstanden gesellschaftlich zunehmend pluralistische, aber weiterhin autokratische Systeme wie das Ägypten Mubaraks, Algerien oder der Jemen, eine formale Demokratie wie der Irak und schwache, der Form nach demokratische Staaten oder Staaten in spe wie der Libanon oder die Palästinensische Autorität.

Auch wirtschaftlich bietet die arabische Welt ein gemischtes Bild – allein der Blick auf die Pro-Kopf-Einkommen zeigt die Spannbreite, die von armen Ländern wie Jemen und Sudan mit unter 2500 Dollar pro Kopf und Jahr über Marokko, Syrien, Jordanien Ägypten, Algerien und Tunesien mit 4500 bis 8500 Dollar, Libanon und Libyen, Saudi-Arabien, Oman und Bahrein mit zentraleuropäischen Niveaus zwischen 13 000 und 25 000 Dollar bis zu Kuwait, den Vereinigten Arabischen Emiraten (VAE) und Katar reicht, die zu den Staaten mit den weltweit höchsten Pro-Kopf-Einkommen gehören.[5] Eine direkte Überlappung von Herrschaftsform und Wohlstand gab und gibt es nicht.

Gemeinsam ist bei allen Unterschieden in der Ressourcenausstattung fast allen diesen Staaten eine extrem ungleiche innere Einkommensverteilung. Verlässliche vergleichende Daten liegen hier nicht vor. Viele Einzelberichte aus den arabischen Staaten zeigen aber, dass der Abstand zwischen den Armen und den sehr Armen auf der einen und einer kleinen Gruppe von Reichen und Superreichen auf der anderen Seite seit Beginn dieses Jahrhunderts überall deutlich zugenommen hat. Trotz des Ölreichtums, der auch zwischen den Staaten ungleich verteilt ist, leben schätzungsweise 40 Prozent der Menschen in der arabischen Welt unterhalb der Armutsgrenze.[6] Und fast überall hat die Klage über grassierende Korruption nicht zuletzt auf der Ebene hoher und höchster Entscheidungsträger zugenommen. Im Korruptionsperzeptionsindex von Transparency International rangieren die arabischen Staaten, mit gewisser Variationsbreite, überwiegend auf den vorletzten Plätzen.[7]

Zu den Gemeinsamkeiten, die sich mit Blick auf den Zustand der politischen Systeme vor dem Beginn der arabischen Revolutionen zeigen, gehört vor allem ein äußerst beschränktes Maß politischer Teilhabe. Die amerikanische Organisation Freedom House, die regelmäßig die Elemente politischer und bürgerlicher Freiheiten zu messen versucht, hat den Nahen und Mittleren Osten immer wieder als die »am wenigsten freie geografische Region in der Welt« bezeichnet. Mit Ausnahme von Kuwait, Libanon und Marokko, die als »teilweise frei« eingestuft wurden, galten alle arabischen Staaten 2010 noch als »unfrei«.[8] Politische Opposition wurde überall nur in Grenzen geduldet; nur in ganz wenigen Staaten verzeichnete Amnesty International keine politischen Häftlinge. Tatsächlich finden wir in keinem Land der arabischen Welt – von

Marokko im Westen bis zum Irak und zur Arabischen Halbinsel im Osten – eine konsolidierte liberale Demokratie. Allein im Libanon, in Algerien, im Irak und in den palästinensischen Gebieten sowie zwischenzeitlich in Mauretanien mussten die wichtigsten obersten Entscheidungsträger sich seit Anfang dieses Jahrhunderts mindestens einmal einem ernsthaften demokratischen Wettbewerb stellen, bei dem theoretisch die Chance bestand, dass die Wahl eine Überraschung bringen würde. In anderen Fällen wurden die Chefs entweder überhaupt nicht gewählt oder in Referenden oder Scheinwahlen bestätigt.

Dabei ließen immer mehr arabische Staaten irgendwelche Formen von Wahlen oder Abstimmungen durchführen. Das galt auch für Staaten, in denen es zuvor keine politischen Wahlen gegeben hatte. Selbst in Saudi-Arabien und Katar wurden Kommunalwahlen abgehalten. In Ägypten, in Syrien, im Jemen und in Tunesien fanden regelmäßig Parlamentswahlen statt, die zumeist allerdings weit davon entfernt waren, frei oder fair zu sein. Die Parlamente hatten in den wenigsten Fällen viel zu sagen. Freie, wenig oder kaum manipulierte und gleichzeitig bedeutungsvolle Wahlen gab es im Irak, in den palästinensischen Gebieten und im Libanon. Dabei fiel allerdings auf, dass zwei dieser drei Gemeinwesen de facto besetzt waren und es sich bei dem dritten – Libanon – um einen schwachen Staat handelt, der ständig um seine Souveränität bangen muss. Wahlen, so schien es, galten auch in der arabischen Welt als ein Teil der politischen Innenausstattung, mit dem Regime sich gerne schmückten, waren aber nicht als Instrumente gedacht, mit denen sich ein friedlicher Machtwechsel herbeiführen ließ. Der Libanon, der Irak und die palästinensischen Gebiete bildeten auch hier die Ausnahme. Interessant ist, dass die Bürger der arabischen Staaten sich wenig vormachen ließen: Die Wahlbeteiligung in Ägypten,

Syrien und Tunesien blieb meist gering, lag oft im einstelligen Prozentbereich. Eine höhere Wahlbeteiligung gab es immer dort, wo es tatsächlich um etwas ging und zumindest ein gewisses Maß an Fairness vorausgesetzt wurde.

Anders als etwa in China, wo bei allem Mangel an Demokratie mittlerweile immerhin die politische Führung alle zehn Jahre durch eine jüngere Mannschaft ersetzt wird, schienen die Hauptentscheidungsträger und die Herrschaftseliten in den arabischen Staaten faktisch kaum austauschbar zu sein. Der tunesische Präsident Ben Ali befand sich seit 1987, Ägyptens Husni Mubarak seit 1981, Jemens Salih seit 1978 und Libyens Qadhafi seit 1969 an der Macht. Auch die meisten der dienstjüngsten Staatschefs – Präsident Asad in Syrien und die Könige Hamad in Bahrain, Abdullah in Jordanien und Muhammad in Marokko – herrschten Anfang 2011 bereits seit mehr als zehn Jahren, länger also als ein erfolgreicher US-Präsident. Und sie hatten die Macht von ihren Vätern geerbt. Sie bedienten sich sämtlich eines Systems der Patronage, bei dem politische Macht, zunehmend aber auch Wohlstand und wirtschaftliche Chancen vornehmlich einem engen Kreis von Personen zugeteilt werden, der sich aus der eigenen Familie, dem Clan, dem Militär und den Sicherheitsdiensten oder einer Gruppe loyaler Oligarchen zusammensetzt. Für Personen, die nicht aus diesem Umfeld stammten oder zumindest bereit waren, sich einzuordnen, blieben die Zugänge zu politischer Mitwirkung und oft genug auch zu wirtschaftlichem und beruflichem Aufstieg verschlossen.

Das Fehlen genuiner demokratischer Partizipation in den meisten arabischen Staaten hat manche Beobachter fragen lassen, ob die arabische Welt vielleicht demokratieimmun sei. Das ist natürlich Unsinn. Schon eher wäre es richtig zu sagen, dass in den arabischen Staaten immer politische

Bewegung, oft genug auch der Wunsch nach politischer Öffnung und Demokratie zu spüren war, dass sowohl innere als auch äußere Faktoren Reform und Demokratieentwicklung aber behindert haben.

Zu den inneren Faktoren gehört, dass Öl- und Gasexporte weiterhin die Wirtschaft der Region bestimmen. In zahlreichen Staaten trägt der Öl- und Gassektor bis zu 50 Prozent zum Bruttoinlandsprodukt bei. Einnahmen aus dem Öl- und Gasexport machen, da sie meist direkt dem Staat zufließen, bis zu 60 Prozent oder mehr der Staatseinnahmen aus. Solche »Renten« geben den Regimen eine Art Unabhängigkeit von ihren Bürgern: Sie brauchen sie nicht zu besteuern, können sie vielmehr subventionieren und ihnen damit den politischen Schneid abkaufen. Lange Zeit konnten sogar Staaten, die selbst nicht zu den großen Ölexporteuren gehören, über Hilfen und Zuschüsse vom Golf von dieser Form der politischen Ökonomie profitieren. Diese Gleichung geht allerdings zunehmend nicht mehr auf oder allenfalls nur noch für wenige, sehr reiche und gleichzeitig bevölkerungsarme Staaten. Anhaltendes Bevölkerungswachstum reduzierte auch in ölexportierenden Staaten die Verteilungsmasse. Fortschreitende Urbanisierung, das Wachstum der Mittelschichten sowie eine insgesamt bessere Bildung haben überall die Forderungen nach Teilhabe, Mitsprache und persönlichen Freiheiten zunehmen lassen.

Während die meisten Staaten der Region aber effektiv kaum mehr politische Teilhabe erlaubten als ein, zwei Jahrzehnte zuvor, hat das Maß individueller Freiheiten in dieser Zeit zugenommen, jedenfalls was wirtschaftliche Freiheiten, aber auch die Freiheit von Information und Kommunikation betrifft. Anders gesagt: Während die politischen Systeme überwiegend rigide blieben und Forderungen nach substantieller politischer Veränderung oder gar nach der Ablösung der herrschenden Eliten notfalls mit repressiven Mitteln abwehrten, wurden die Gesellschaften offener und zunehmend pluralistisch. Vor allem die nachwachsenden Generationen verfügten über ein höheres Bildungsniveau, und sie waren besser informiert als die Generationen, aus denen die herrschenden Eliten sich rekrutierten. Die Verbreitung erst des Satellitenfernsehens, dann des Internets spielten dabei, wie sich spätestens 2011 zeigen sollte, eine wichtige Rolle. Die Inhalte, die in diesen Medien diskutiert werden, sind nicht allesamt neu. Vielmehr gab es in der gesamten Region schon seit Jahren eine lebhafte Debatte über bessere Regierungsführung, Menschenrechte, Rechtsstaatlichkeit und die faire oder »gerechte« Verteilung von Macht und Chancen. All dies waren – und sind – Themen, die nicht nur liberale oder linke, sondern auch konservativ-islamische Gruppen ansprachen.

Eine bittere Wahrheit ist, dass westliche Politik eine demokratische Entwicklung in der arabischen Welt nicht wirklich vorwärtsgebracht hat. Man kann einwenden, dass dies auch nicht die Aufgabe des Westens oder anderer ausländischer Akteure sei. Nur hat man eben in Europa und in den USA immer wieder von Demokratieförderung gesprochen. Zum Teil war das auch ernst gemeint. Einige Programme, die etwa im Rahmen der Mittelmeerpartnerschaft der Europäischen Union, des sogenannten Barcelona-Prozesses, auf den Weg gebracht wurden, haben zweifellos dazu beigetragen, eine Reihe von gesellschaftlichen Akteuren zu stärken, die in ihren Ländern für den Schutz der Menschenrechte, für Pressefreiheit oder für mehr Rechtsstaatlichkeit eintraten oder in der ein oder anderen Weise an der Erweiterung politischer Spielräume arbeiteten. Aber es ist auch Schindluder mit dem Begriff der Demokratiehilfe getrieben worden. Selbst die Irak-Invasion von 2003 wurde von Vertretern oder Vordenkern der damaligen amerikanischen Regierung gelegentlich als Beitrag zur Demokratisierung des Nahen und Mittleren Ostens dargestellt. Manche tun das übrigens noch heute mit einer gewissen Schamlosigkeit, indem sie behaupten, dass der von außen, durch amerikanische Truppen herbeigeführte Sturz des irakischen Diktators Saddam Hussein gewissermaßen den Anstoß für die Revolutionen von 2011 gegeben habe.[9]

Das Gegenargument lässt sich leichter vertreten. Der Irak-Krieg von 2003 hat tatsächlich einen Diktator aus seinem Palast vertrieben. Er hat aber den anderen Autokraten eine politische Lebensverlängerung beschert. Der Irak versank über Jahre im Bürgerkrieg; und die demokratischen Institutionen, die die Besatzungsmacht dort aufbaute, funktionieren bis heute nicht sonderlich gut. Nicht nur der syrische Präsident Bashar al-Asad hat in den Jahren nach 2003 immer wieder auf das blutige Chaos bei den irakischen Nachbarn verwiesen, um seinen Bürgern zu verstehen zu geben, dass sie mit seiner autoritären Herrschaft allemal besser bedient seien als mit westlichen Demokratieexporten.

Wichtiger noch ist, dass Washington und die europäischen Hauptstädte – Moskau und Peking, die ohnehin nicht auf Demokratieförderung setzen, spielen hier keine Rolle – seit 2001 und mehr noch seit 2003 im Nahen und Mittleren Osten vor allem nach Partnern suchten, die sie im »Krieg gegen den Terror« unterstützen und gleichzeitig Stabilität garantieren könnten. Dazu kam die Sorge vor einem wachsenden Einfluss Irans, vor der Ausbreitung islamistischer Tendenzen und, was Europa betrifft, vor ungeregelten Migrationswellen. Man ermahnte zwar die Partnerregime weiterhin, politische Reformen einzuleiten und die Menschenrechte zu respektieren. Die Botschaft, die in Kairo und Tunis wie auch in Riad, Rabat, Ramallah oder Damaskus verstanden wurde, war aber eine andere: Wer im Kampf gegen terroristische Bedrohungen kooperiert und dazu beiträgt, die regionalen Verhältnisse stabil zu halten, wird als Partner oder, in der Diktion amerikanischer Politik, als »moderater Spieler« betrachtet, egal, wie er mit seinen eigenen Bürgern umgeht. Wer nicht kooperiert, läuft Gefahr, »demokratisiert« zu werden.[10]

Die Staatschefs der arabischen Welt ließen sich auf dieses Spiel gern ein. Die meisten waren schon im eigenen Interesse nur zu gern bereit, sich den USA als Partner im Kampf gegen al-Qaida oder auch in der Auseinandersetzung mit Iran anzubieten und sich dafür auch unterstützen zu lassen. Den Europäern gegenüber präsentierten sie sich vor allem als Stabilitätsgaranten: Die einzigen Alternativen zur eigenen Herrschaft seien die Machtübernahme durch islamistische Extremisten oder das Chaos. Ägyptens Präsident Mubarak und Tunesiens Ben Ali waren in dieser Hinsicht besonders erfolgreich.

Die EU-Staaten wie auch die USA waren selbst nicht sonderlich konsequent, wenn sie etwa in den palästinensischen Gebieten demokratische Wahlen anmahnten, dann aber Anfang 2006 nach dem Wahlsieg der islamistischen Hamas die Bereitschaft zur Kooperation, ja selbst zum Gespräch mit der aus den Wahlen hervorgegangenen Regierung von Bedingungen abhängig machten, die sie keinem anderen Akteur im Nahen Osten abforderten. Westliche Demokratisierungsrhetorik galt deshalb gerade bei vielen der zivilgesellschaftlichen Akteure als wenig glaubwürdig.

Es wäre falsch zu sagen, dass gerade die europäischen Staaten eine demokratische Entwicklung der Region nicht gewünscht hätten. Man wusste in Brüssel und in den europäischen Hauptstädten durchaus, dass politische Stagnation, Reformresistenz und schlechte Regierungsführung die Stabilität dieser Länder und damit auch die eigenen Interessen gefährdeten. Aber man hoffte, dass diese Regime sich auch mit europäischer Hilfe aus sich selbst heraus wandeln würden.

Tatsächlich kam die Veränderung aus der Region, nicht von außen. Sie kam nur anders zustande, als dies von den herrschenden Eliten und ihren ausländischen Partnern erwartet worden war.

Auslöser und Akteure der Veränderung

Gründe zu revoltieren gab es also in der arabischen Welt seit Jahren, wenn nicht Jahrzehnten. Auch einzelne Ereignisse und Vorfälle wie die, die jetzt die Proteste in Tunesien und Ägypten, Libyen, Jemen, Bahrein oder Syrien auslösten, hatte es früher schon gegeben – ohne dass daraus ein Aufstand oder gar eine Serie von Aufständen erwuchs. Große historische Veränderungen gründen sich immer auf ein komplexes Bündel von Ursachen und auf einzelne Ereignisse, die dann zu Auslösern werden. Letztlich ist entscheidend, wie konkrete Personen auf beiden Seiten handeln: Zu einer Revolution gehören neben den Revolutionären immer auch die Vertreter der herrschenden Ordnung, die notwendige Veränderungen gar nicht oder nicht rechtzeitig auf den Weg bringen. Einfache Kausalitäten sollte man nicht erwarten und auch im Nachgang nicht zu konstruieren versuchen. Die Selbstverbrennung des Gemüsehändlers Muhammad Bu Azizi in einer tunesischen Kleinstadt löste eine Protestwelle aus, die nicht mehr zu stoppen war. Ein anderes dramatisches Ereignis hätte das genauso bewirken können – oder, wie in anderen Fällen, eben auch nicht.

Tatsächlich hat vieles dazu beigetragen, dass die versteinerten politischen Verhältnisse in der Region seit Anfang 2011 so rasch in Bewegung gerieten. Dazu gehören technologische, weltwirtschaftliche, politische und soziostrukturelle Faktoren: Das Satellitenfernsehen und die neuen »sozialen« Medien haben eine Rolle bei der schnellen Verbreitung der Proteste gespielt; steigende Lebensmittelpreise haben den Protest der Armen genährt; einige Wikileaks-Berichte mögen bestätigt haben, was an Gerüchten und Vermutungen über die Korruption der Herrscher in Tunesien und anderen arabischen Ländern ohnehin kursierte.

Die wichtigste erklärende Variable für den Umbruch dürfte aber in der demografischen Entwicklung liegen: Die arabische Revolte von 2011 ist vor allem ein Aufstand der Jugend.

Nur eine Brotrevolte?

Einige wenige Autoren haben schon 2010 vor Nahrungsmittelkrisen in der Region und, in der Folge, vor politischer Instabilität gewarnt.[11] Immerhin hatte sich der Weizenpreis auf dem Weltmarkt innerhalb eines Jahres ungefähr verdoppelt, und auch andere Lebensmittel wurden erheblich teurer. Dies schlug auf die lokalen Märkte im Nahen Osten und in Nordafrika durch, wo ein besonders hoher Anteil der Nahrungsmittel importiert wird. In Ägypten etwa wurde die Inflation bei Lebensmitteln auf 20 Prozent geschätzt.[12] Lebensmittelpreise sind ein sensibles Thema in den meisten arabischen Staaten wie auch in Iran. In Ägypten geben Familien durchschnittlich 40 Prozent ihres Haushaltseinkommens für Lebensmittel aus; Brot wird in vielen Ländern der Region subventioniert. In Ägypten, aber auch in Jordanien und einigen anderen Ländern war es in der Vergangenheit wiederholt zu sogenannten Brotpreisunruhen gekommen, wenn Regierungen versuchten, Subventionen zu reduzieren.

Einige Länder der Region litten nicht nur unter steigenden Weltmarktpreisen, sondern auch, wie wir im Falle Tunesiens und Jemens sehen werden, in besonderer Weise unter spezifischen Folgen der Weltwirtschaftskrise: Arbeitskräfte aus diesen Staaten fanden keine Beschäftigung mehr im reicheren Ausland, überwiesen also kein Geld mehr an ihre Verwandten zu Hause und kehrten oft selbst zurück, sodass sich der Druck auf das individuelle Familienbudget wie den allgemeinen Arbeitsmarkt weiter erhöhte. Sicher hätten steigende Lebensmittelpreise und knappere Haushaltseinkommen allein keine Revolte ausgelöst, die in kürzester Zeit gleich zum Sturz von zwei Regimen und zur Unterminierung der Herrschaftsverhältnisse in fast allen Staaten der Region führte. Einen Faktor für die Mobilisierung so großer Teile der Bevölkerung stellten sie aber zweifellos dar: Bei den Protesten in Nordafrika wurden auch die hohen Preise für Brot, Zucker oder andere Grundnahrungsmittel zum Thema gemacht – allerdings meist erst, wenn Menschen aus ärmeren Verhältnissen begannen, sich an Demonstrationen zu beteiligen. Einer der Slogans, der bei den Demonstrationen in Ägypten skandiert wurde, lautete »'aish, hurriya, karama insaniyya!« – auf Deutsch: Brot, Freiheit, menschliche Würde! Im ägyptisch-arabischen Dialekt ist 'aish das Brot, in der arabischen Schrift- und Hochsprache ist es das Leben; tatsächlich ist Brot in Ägypten das Grundlebensmittel gerade für die Armen.

Auffällig ist vor allem, dass viele der Regierungen Anfang 2011 die Proteste ganz offenbar als eine Form von »Brotunruhen« verstanden und sie zunächst einmal einzudämmen versuchten, indem sie Lebensmittel- und auch Benzinsubventionen, die nach und nach abgebaut worden waren, wieder einführten oder armen Familien finanzielle Zuwendungen zur Abdeckung gestiegener Lebenshaltungskosten versprachen. Dass dies nicht reichte, um die Proteste zu beenden, zeigte allerdings auch, dass hier eben nicht nur gegen hohe Preise demonstriert wurde. Wo Demonstranten die Lebensmittelpreise zum Thema machten, verbanden sie dies mit ausdrücklich politischen Forderungen, die einen sehr viel tieferen Unmut über die politischen und sozialen Verhältnisse zum Ausdruck brachten. Schließlich kam es auch in Ländern, in denen die Preise für Lebensmittel kein oder jedenfalls kein zentrales Thema waren, zu Protesten und Aufständen.

Eine Facebook-Revolution?

Seit der Gründung des Satellitenkanals *al-Jazeera*, der 1996 sein Programm startete, wird über dessen subversive Wirkung diskutiert. Richtig ist, dass mit der Verbreitung des Satellitenfernsehens die überwiegend staatlichen elektronischen Medien in den einzelnen Ländern Konkurrenz erhielten und die traditionelle Zensur vielfach obsolet wurde, weil Nachrichten sich nicht mehr einfach verheimlichen ließen. Ansatzweise entwickelte sich auch eine neue Debattenkultur für den gesamten arabischen Raum: Intellektuelle und Entscheidungsträger aus verschiedenen arabischen Ländern kamen im selben Programm zu Wort, stritten sich oft genug oder wurden von Journalisten herausgefordert. Und es zeigte sich, dass Widerspruch selbst gegen Autoritäten und unterschiedliche Meinungen zu politischen Themen möglich waren. Für die Regime war dies eine Herausforderung, der sie einerseits mit der Gründung eigener Satellitenkanäle, andererseits mit einer gewissen Öffnung ihrer lokalen Medien, zum Teil aber auch repressiv zu begegnen versuchten: Immer wieder wurden Büros von *al-Jazeera* geschlossen oder Dissidenten drangsaliert, die dort oder in anderen arabischen Satellitensendern Kritik an den eigenen Regierungen geäußert hatten. Mit dem Internet und den neuen sozialen Medien entstand eine weitere Dimension der Kommunikation, ein – trotz aller Einschränkungs- und Kontrollversuche – eben weitgehend freier virtueller Raum, in dem man sich zu Informationsaustausch und Debatte, zur Aufnahme und Aufrechterhaltung sozialer Kontakte und, wie sich zeigen sollte, zur Organisation und Mobilisierung von Protest nicht nur im Cyberspace, sondern auch auf der Straße »treffen« konnte. *Al-Jazeera* und andere arabische Satellitensender waren und blieben im wahrsten Sinne des Wortes Massenmedien, die aufgrund der Verbreitung von Fernsehen und Satellitenschüsseln in fast jedem Dorf von Marokko bis zum Persischen Golf zu sehen waren. Unabhängige Blogs und Internetforen wurden mangels einer freien Presse zu Medien des Austauschs und der Informationsverbreitung vor allem für die Jungen und die Gebildeten, die einen Zugang zum Internet hatten. Wichtig wurde bei den Aufständen zudem die Verbindung zwischen unterschiedlichen elektronischen Medien: So fanden mit Mobiltelefonen aufgenommene Bilder und Videos ihren Weg ins Internet, wurden über Facebook und andere soziale Medien verbreitet und dann auch von den Satellitensendern übernommen. Die Satellitensender nutzten zudem SMS- und Twitter-Meldungen, mit denen Zuschauer Nachrichten ergänzten oder kommentierten, und erhielten dabei selbst ein Stück weit, wie das Internet, einen interaktiven Charakter.

Die Bedeutung des Internets und von sozialen Medien wie Facebook für die Aufstände in der arabischen Welt sollte weder kleingeredet noch überschätzt werden. Gerade für die Jungen und Gebildeten stellte das Internet einen Freiraum dar, der es erlaubte, politische, soziale und physische Restriktionen zu umgehen. Anfang 2011 wurde geschätzt, dass weniger als 20 Prozent der mehr als 320 Millionen Menschen in den arabischen Staaten Zugang zum Internet haben, mit erheblicher Variationsbreite zwischen den einzelnen Staaten. Die Zahl der Facebook-Nutzer hatte 2010 mit 15 Millionen bereits die Auflagenzahl der in allen arabischen Staaten verbreiteten Zeitungen überschritten und wuchs bis zum Frühjahr 2011 – zweifellos auch als Ergebnis der arabischen Revolten – auf nahezu 28 Millionen.[13] Ebenfalls 2010 wurden mehr als 40 000 Blogs in arabischer Sprache gezählt, wobei damals noch weniger als die Hälfte, seit 2011 aber mehr als drei Viertel dieser Blogs politische Themen diskutieren.[14]

Internet und Facebook wurden nicht nur in Ländern mit hoher Internetdichte zum bevorzugten Medium bei der Organisation und Vorbereitung von Protesten. »Das Internet hat uns Flügel gegeben«, sagt eine Menschenrechtsaktivistin aus Kairo; es habe insbesondere jungen Frauen, die bei ihren Familien wohnen und sich mit Rücksicht auf die herrschenden sozialen Normen nicht einfach abends mit jungen Männern in einem Café treffen können, ermöglicht, sich zu beteiligen. Facebook-Gruppen haben es den Organisatoren aus unterschiedlichen Ländern erleichtert, sich untereinander auszutauschen und voneinander zu lernen. Die Satellitensender aber blieben das wichtigste Medium, über das auch weitere Kreise der Bevölkerung informiert und mobilisiert werden konnten, wenn die Sender sich dazu entschlossen, den Aufständen breiten Raum einzuräumen. Dies tat der katarische Sender *al-Jazeera* nicht in allen Fällen: Die Berichterstattung über das Katar benachbarte Bahrain etwa blieb bei *al-Jazeera* wie auch bei dem aus den Emiraten sendenden Konkurrenten *al-Arabiya* sehr zurückhaltend. In Tunesien und Ägypten, in Libyen und nach einiger Verzögerung in

Syrien ergriff *al-Jazeera* dagegen faktisch Partei für die Protestbewegungen und die Rebellen.

So wichtig also Internet und soziale Medien waren: Sie blieben, darauf weisen gerade auch junge Leute hin, die aktiv an der Organisation von Protesten beteiligt waren, immer nur ein Medium. So wie Revolutionen in anderen Zeiten andere Medien nutzten.

Wichtig ist, dass weniger das Internet allgemein, wohl aber Facebook in der arabischen Welt ganz eindeutig das Medium einer Generation ist. Es ist keineswegs so, dass die gesamte Jugend der arabischen Welt über soziale Medien kommuniziert, viele haben einfach die Zugänge nicht. Aber die sozialen Medien sind ein Medium der Jugend: Mehr als drei Viertel der Facebook-Nutzer in Ländern wie Ägypten und Tunesien, Marokko und Jemen gehören zur Altersgruppe der 16- bis 34-Jährigen.[15] Vielleicht hat gerade der jugendliche Charakter dieses Mediums es auch für Behörden und politische Eliten so schwergemacht zu verstehen, was sich hier vorbereitete. Er habe das nicht ernst genommen, sagte mir ein hoher ägyptischer Beamter in Kairo rückblickend: »Ich dachte, das seien alles verwöhnte Kids, die ihre Videospiele spielen und rumchatten. Wir mussten dann aber feststellen, dass die hart gearbeitet haben. Die haben sich vernetzt, sich vorbereitet. In gewisser Weise haben die in einer realen, wir in einer virtuellen Welt gelebt.«

Der Aufstand, den die arabische Welt erlebte, war deshalb keine Facebook-Revolution, wohl aber eine Revolte, die maßgeblich von der Generation, die das Internet und oft auch Facebook nutzt, angestoßen und getragen wurde.

Die wichtigste soziostrukturelle Variable für den Umbruch liegt in der Demografie: Die arabische Revolte von 2011 ist in erster Linie von einer Generation, von den 20- bis 35-Jährigen, losgetreten und vorangetrieben worden. Die demografischen Verhältnisse in den arabischen Ländern sind nicht identisch, aber es gibt große Übereinstimmungen. Alle sind junge Gesellschaften, im weltweiten Vergleich ist der Anteil der Jungen nur in den Staaten Afrikas südlich der Sahara noch größer als in der arabischen Welt.

In den meisten arabischen Ländern sind zwischen 65 und 75 Prozent der Bevölkerung unter 35 Jahre alt. Im Jemen sind es sogar fast 80 Prozent, in Syrien über 73, in Saudi-Arabien 70, in Ägypten 69. In Tunesien liegt der Anteil derer, die jünger als 35 sind, mit knapp 59 Prozent im arabischen Vergleich am niedrigsten.

Die Gruppe der 20- bis 35-Jährigen, der zwischen 1975 und 1990 Geborenen also, macht dabei überall mehr als 30 Prozent der Gesamtbevölkerung aus.[16] Diese 15 Jahrgänge umfassende Alterskohorte ist größer als die 15 Jahrgänge vor ihr. Von wenigen Ausnahmen wie dem Jemen mit seiner besonders jungen Bevölkerung abgesehen, ist diese Generation aber zahlenmäßig auch stärker als die nächsten 15 Jahrgänge. Mit anderen Worten: Wir haben es hier mit den Baby-Boomern der arabischen Welt zu tun, die in den Jahren des höchsten Bevölkerungszuwachses geboren wurden. Auch nach ihrer Geburt ist die Bevölkerung in der arabischen Welt weiter gewachsen, aber der Geburtenknick hatte eingesetzt.

Es wundert nicht, dass Mitglieder dieser Generation die wesentlichen Träger der Revolte in Tunesien, Ägypten und anderen arabischen Staaten wurden: Sie sind allgemein besser ausgebildet als ihre Vorgänger, und sie sind, wie wir mit Blick auf die Facebook-Nutzung gesehen haben, in vielfacher Hinsicht besser vernetzt und globalisiert. All dies ist vor allem ein Ergebnis des Ausbaus des Bildungswesens, den die arabischen Staaten in den vergangenen Jahrzehnten auf den Weg gebracht haben. Die Ausbildung an den Schulen und Hochschulen in dieser Region ist in qualitativer Hinsicht zu Recht immer wieder kritisiert worden, gerade auch in den *Arab Human Development Reports*.[17] Quantitativ aber gilt, dass dort in den letzten zwei Jahrzehnten der Anteil der Jugendlichen, die Zugang zu weiterführenden Schulen und Hochschulen erhalten, enorm gewachsen ist.

Eine immer größer werdende Zahl von Schul- und Hochschulabsolventen fand anschließend aber keine Beschäftigung. Denn während die Universitäten ausgebaut wurden, gaben Mitte der neunziger Jahre fast alle arabischen Staaten ihre frühere Praxis auf, Hochschulabsolventen eine Beschäftigung im Staatssektor zu garantieren. Die meisten Ministerien und staatlichen Unternehmen waren ohnehin personell überbesetzt und dementsprechend wenig produktiv. Tausende, ja Zehntausende junger graduierter Ingenieure und Ärzte, Betriebswirte und Literaturwissenschaftler verließen die Universitäten und fanden keine Arbeit. Vorhandene Positionen waren durch die kaum sehr viel älteren Jahrgänge blockiert. Was sollte man mit einer *license adab arabi*, einem Bachelor in arabischer Sprache und Literatur, schon anfangen, wenn Nachwuchs an Lehrern gerade nicht gebraucht wurde, oder mit einem ingenieurwissenschaftlichen Examen, wenn es im Staatsdienst keine Stellen gab, man für den Privatsektor mangels Praxiserfahrung aber nicht qualifiziert genug war?

Im Ergebnis ist heute die Jugendarbeitslosigkeit in den arabischen Staaten höher als in anderen Weltregionen.

Arbeitslosigkeit verteilt sich nicht, sondern konzentriert sich in dieser Generation. In Ägypten waren 90 Prozent aller Arbeitslosen jünger als 30 Jahre, in Algerien 86 Prozent jünger als 35; in anderen Staaten dürften die Zahlen nicht sehr viel anders aussehen.[18] Viele junge Menschen, die einen Job haben, sind unter- oder schlecht beschäftigt. Die Arbeitslosigkeit ist unter Graduierten deutlich höher als unter jenen, die die Schule nicht abgeschlossen haben und meist trotzdem irgendeine schlecht bezahlte Tätigkeit im informellen Sektor finden.

Es ist auffällig, wie sehr die heute 20- bis 35-Jährigen in der arabischen Welt tatsächlich eine von gemeinsamen Erfahrungen geprägte Generation bilden. Von Rabat bis Riad, so lässt sich nur wenig vereinfachend sagen, ist dies eine Generation, die sich um ihre Chancen zur wirtschaftlichen, sozialen und politischen Teilhabe betrogen sieht. Für ganz viele Mitglieder dieser Generation gilt, dass sie eine formal gute Bildung, aber schlechte oder keine Jobs und, anders als die älteren Generationen, auch wenig Chancen haben, legal in Europa oder am Golf Arbeit zu finden. Weil sie über kein oder nur wenig Einkommen verfügen, können sie keine Wohnung mieten. Ohne eigene Wohnung können sie keine Familie gründen. Je konservativer die Gesellschaft, desto schwieriger ist es, unverheiratet eine sexuelle Beziehung zu pflegen. Sie erleben, dass die Einkommensschere sich öffnet und dass Politik bestenfalls ein Geschäft – oft tatsächlich ein Geschäft – der Eliten ist, zu dem sie nicht eingeladen sind, wenn sie nicht gerade zu einer der eng mit der Herrschaftselite verbandelten Familien gehören. Sie können, weil sie täglich mit dem Internet umgehen, in den *Wikileaks* lesen, für wie korrupt amerikanische Diplomaten die politische Führung ihrer Länder halten. Sie haben oft die Willkür erfahren, die Polizei und Behörden im Umgang mit jungen Leuten, mit Landbewohnern, mit Arbeitern oder mit Dissidenten an den Tag legen; sie haben erlebt, wie wenig menschliche Würde zählt, wenn man der Polizei, den ubiquitären Geheim- oder Staatssicherheitsdiensten oder einem der Mächtigen in den Weg kommt. Sie haben sich mit Internet und Facebook Freiräume geschaffen, orientieren sich stärker an globalen Moden und Debatten und haben auch deshalb das Gefühl, dass sie am Rande der globalen politischen Entwicklungen stehen.

Wenn die gleichzeitigen Erfahrungen die Mitglieder dieser Jahrgänge zu einer Generation gemacht haben, so wurden sie seit 2011, mit dem Beginn des Aufstands in Tunesien, dann in Ägypten und in anderen arabischen Ländern, zu einer politischen Generation, die sich als Akteur versteht und von anderen auch so verstanden wird. Etwas ältere tunesische, ägyptische und syrische Gesprächspartner haben immer wieder, mit einem gewissen Erstaunen, aber auch mit Bewunderung von »diesen jungen Leuten« gesprochen, die mit so viel Mut und Fantasie die alten Regime herausgefordert haben. Die arabischen Aufstände von 2011 sind in diesem Sinne eine Revolte der arabischen »2011er«: Es sind politische Revolten, die aber immer auch den Aspekt einer Generation, die sich auf die Bühne bringt, und oft genug den eines Generationenkonflikts beinhalten.

Dazu passt, dass die Forderungen, die von den Protestbewegungen in Tunesien und Ägypten, später in Marokko, Bahrain, Jemen und Syrien gestellt wurden, fast überall dieselben sind, sich aber von Slogans und Forderungen, die man hier in den achtziger, neunziger Jahren des 20. Jahrhunderts bei oft ebenfalls zornigen Protesten hören konnte, deutlich unterscheiden. Von wenigen Einzelfällen abgesehen hieß es eben nicht: »Der Islam ist die Lösung« oder: »Nieder mit Imperialismus und Zionismus«. Die Aufstände waren, auch das unterschied sie von früheren Revolten in verschiedenen arabischen Staaten, unideologisch und, wie der französische Islamwissenschaftler Olivier Roy das nannte, post-islamistisch, brauchten offensichtlich keine der Ideologien, die in der arabischen Welt hauptsächlich im Angebot waren: Islamismus und arabischer Nationalismus.[19] Am weitesten verbreitet war wohl der Slogan »al-shaab yurid isqat al-nizam« (Das Volk will den Sturz des Systems) oder eine Variation davon. Gefordert wurden vor allem Würde (*karama*), Gerechtigkeit (*adala*) und Freiheit (*hurriya*). Würde stand und steht dabei zunächst einmal dafür, anständig behandelt zu werden; Freiheit für ein Ende autoritärer Herrschaft; Gerechtigkeit für das Recht zur Teilhabe an Politik und Wohlstand. Überall waren Forderungen nach einem Ende und einer Bestrafung von Korruption zu hören. Überall zeigte sich auch eine neue Form von Stolz auf das eigene Land und dessen Symbole. Die Nationalfahne wurde in allen Ländern mit Ausnahme Libyens, wo die Rebellen die Trikolore der von Qadhafi gestürzten Monarchie nutzten, zur Fahne des Aufstands: Man appropriierte sie gewissermaßen, sprach damit den herrschenden Regimen ab, das Volk zu vertreten, und zeigte im Übrigen seinen Stolz, einem Volk anzugehören, das dem Autokraten die Stirn gezeigt und, wie es häufig und in fast allen Ländern hieß, »die Mauer der Angst durchbrochen« hatte.

Die 2011er, die Generation, die den Aufstand in den arabischen Ländern getragen hat, ist, soweit man hier generalisieren kann, eine skeptische Generation. Sie ist jedweder Ideologie gegenüber skeptisch, auch der der Islamisten. Viele sind religiös, betrachten aber den Islam als Religion, nicht als Ideologie. Diese Generation glaubt vor allem nicht mehr, was die offizielle Propaganda der autoritären Systeme verbreitet. Und warum sollte sie auch. Erlebten diese jungen Leute doch, wie zynisch die Generation ihrer Eltern und Lehrer mit den Werten, Prinzipien und Bekenntnissen umging, die

die Regierungen zu vertreten vorgaben oder bei öffentlichen Anlässen einforderten: Wenn jeder wusste, dass es in Ländern wie Syrien, Ägypten und Tunesien, keinen Unterschied machte, ob man an der Abstimmung bei Präsidentschaftswahlen, die in den Staatsmedien als »Huldigung« des Amtsinhabers gefeiert wurden, teilnahm oder nicht; wenn Regierungs- und Staatsparteien sich »demokratisch« nannten, faktisch aber die Macht einer kleinen Clique absicherten; wenn regelmäßige Antikorruptionskampagnen ebenso regelmäßig an den bekannten Größen und Günstlingen der Regime vorbeigingen; wenn überall von arabischer Solidarität und von der Unterstützung der Palästinenser gesprochen wurde, praktisch aber der größte Staat der arabischen Welt, Ägypten, seine Grenze zum Gazastreifen geschlossen hielt und damit die israelische Blockade unterstützte; wenn die herrschenden Regime sich mit vergangenen Erfolgen zu schmücken suchten, die für die Lebenswirklichkeit der Menschen keine Bedeutung hatten. Als Husni Mubarak am 10. Februar 2011, in seiner letzten Rede als Staatspräsident, noch einmal davon sprach, dass er – 1973! – für Ägypten gesiegt habe, dokumentierte er in krassester Weise, wie groß der Abstand zwischen seinem Regime und dieser Generation geworden war, für die der »Oktoberkrieg« in grauer Vorzeit liegt und keinerlei politische Legitimität mehr verleiht.

»Das Volk will den Sturz des Regimes«
Dynamiken der arabischen Revolte

Die Revolten und Revolutionen in den einzelnen arabischen Staaten sind, beginnend mit dem Aufstand in Tunesien, unterschiedlich verlaufen. Sie entwickeln sich noch, in ebenso unterschiedlicher Weise, während die Arbeit an diesem Buch abgeschlossen wird. Die Verbindung zwischen den einzelnen Revolten war von Beginn an stark, nicht nur weil man dieselbe Sprache sprach und die Ereignisse von denselben Medien in nahezu alle arabischen Länder, ja wohl in die meisten arabischen Haushalte übertragen wurden. Die Protestbewegungen wurden durch das inspiriert, was in den anderen arabischen Ländern stattfand, und sie lernten daraus. Auch die Regime verfolgten die Ereignisse in den anderen Staaten – mit Erstaunen, Indignation, Entsetzen oder angespanntem Interesse. Die Präsidenten, Könige und Sicherheitsfachleute der Regime wurden ganz offenbar nicht nur vom Beginn der Proteste in Tunesien überrascht, sondern auch vom relativ raschen Sturz des dortigen Präsidenten. Insofern wundert es nicht, dass man zunächst überzeugt war, dass hier eine Art Unfall passiert sei, ein bedauerliches Einzelereignis, das eigentlich nicht hätte vorkommen dürfen. Oder dass etwas besonders sein müsse bei den Tunesiern, die sich, wie Muammar al-Qadhafi erklärte, ihrem guten Präsidenten gegenüber einfach als undankbar erwiesen hätten. So weit gingen andere Herrscher nicht, gleichwohl sah es zunächst so aus, als würden die einzelnen Regime demselben Skript folgen – jedenfalls über die ersten Akte dieses meist längeren Dramas.

Das begann üblicherweise mit der Leugnung der Gefahr, mit einem »Bei uns doch nicht!«. Am deutlichsten lässt sich diese Haltung vielleicht in einem Interview nachempfinden, das der syrische Präsident Bashar al-Asad Ende Januar dem *Wall Street Journal* gab. Er verkündete darin mit einer gewissen Chuzpe den Beginn einer neuen Ära – in den anderen arabischen Staaten. Sein Regime werde davon nicht betroffen sein.[20] Dieser anfänglichen Nonchalance folgte dann, meist nach den ersten Protesten, das Eingeständnis, dass es auch im eigenen Land Probleme gebe: keine politischen zwar, aber soziale und wirtschaftliche. Offenbar war man sicher, die Lage mit sozialen Geschenken und Ankündigungen in den Griff zu bekommen. So wurden in Ägypten, Algerien und Libyen, Marokko, Tunesien, Syrien, Jordanien, Saudi-Arabien und Kuwait im Rekordtempo Subventionen auf Grundnahrungsmittel oder Benzin, die in den Vorjahren abgebaut worden waren, wieder eingeführt oder erhöht. Die Regierungen in Algerien, Libyen, Jemen, Jordanien, Syrien, Kuwait, Saudi-Arabien und Oman verkündeten zum Teil enorme Gehaltserhöhungen im öffentlichen Dienst. Einige Regierungen versprachen direkte finanzielle Hilfen für Bedürftige; im Irak, in Kuwait, Bahrain und Libyen wurden jeder Familie oder jedem Bürger direkte Einmalzahlungen versprochen. Mehrere Regierungen erklärten, Zehntausende neuer Stellen schaffen zu wollen, sei es durch die Übernahme von Hochschulabgängern in den meist ohnehin übersetzten öffentlichen Dienst oder, wo Staaten sich dies leisten konnten, durch staatliche Investitionsprogramme: So kündigte der saudische König unter anderem den Bau von 500 000 Sozialwohnungen und die Einstellung von 60 000 Hochschulabgängern im staatlichen Sicherheitsapparat an.

Der dritte Akt begann in der Regel, wenn sich nicht mehr leugnen ließ, dass die Proteste politischer Natur waren.

Zunächst setzten die meisten Regime dann auf Maßnahmen, die von der Delegitimierung, Diffamierung und Einschüchterung der Protestbewegung bis hin zum Mord reichten. Der tunesische Präsident Ben Ali, Ägyptens Mubarak, Syriens Asad, Libyens Qadhafi und Jemens Salih erklärten allesamt, dass die Proteste Teil einer Verschwörung gegen ihr Land oder das Werk von islamistischen Extremisten und Terroristen oder »ausländischen Agenten« seien. Syrische Internetmedien präsentierten sogar einen, wie es hieß, vom saudischen Prinzen Bandar mit dem amerikanischen Nahostgesandten Feltman ausgearbeiteten Plan zur »Zerstörung Syriens«.[21] Bald darauf oder gleichzeitig setzten die Regime in all diesen Fällen Gewalt ein. Polizei oder Armee gingen mit äußerster Brutalität gegen Demonstranten vor; oft kamen auch Schlägerbanden, die man in Ägypten *Baltagiyya* nennt, aus den Gefängnissen entlassene Kriminelle, oder Milizen des Regimes wie die sogenannten *Shabiha* (»Gespenster«) in Syrien zum Einsatz. Dabei wurde auch gezielt getötet: In Tunesien und Ägypten kamen an wenigen Tagen, in Syrien und Jemen immer wieder Scharfschützen zum Einsatz, die etwa von Hausdächern aus auf Protestierende schossen.

Spätestens wenn selbst extensive Gewalt die Proteste nicht mehr eindämmen konnte, in wenigen Fällen auch schon zu einem früheren Zeitpunkt, wurden – vierter Akt – politische Reformversprechen gemacht, Gespräche mit einzelnen Vertretern der Protestbewegung gesucht oder nationale Dialoge angeboten. So erklärten der tunesische, der ägyptische und der jemenitische Präsident ihren jeweiligen Völkern, dass sie darauf verzichteten, für eine weitere Amtszeit zu kandidieren. Ali Abdullah Salih versprach in zahlreichen Verhandlungsrunden mit saudischen Vermittlern mehrfach, sein Amt bald aufgeben zu wollen. In Oman, Jordanien, Syrien und – noch kurz vor dem Abgang Mubaraks – in Ägypten wurden

Regierungen entlassen oder umgebildet; in Algerien und in Syrien wurde sogar der Ausnahmezustand aufgehoben – zumindest auf dem Papier. Der marokkanische König setzte früh, nach ersten Protesten, eine Verfassungskommission, der syrische Präsident, nach mehrmonatiger Gewalt, ein Dialogkomitee ein. Auch der bahrainische König versprach, nachdem die Proteste weitgehend niedergeschlagen waren, einen nationalen Dialog. Die saudische Regierung kündigte zumindest an, wieder Kommunalwahlen abzuhalten.

Nicht in allen, aber fast in allen Fällen kamen diese Maßnahmen zu spät, und sie gingen nicht weit genug. Der fünfte Akt, spätestens, folgte keinem einheitlichen Skript mehr. Sehr unterschiedliche Prozesse verliefen nebeneinander: Bemühungen um Dialog und verhandelte Reformen in einigen Ländern, gespanntes Abwarten, blutige Repression von Protesten, die Drohung mit der Destabilisierung der Nachbarn und der Region, Bürgerkrieg oder internationalisierter Bürgerkrieg in anderen. Nur in Ägypten und Tunesien verlief dieser Akt erfreulich kurz: Hier begann schon im Januar beziehungsweise im Februar 2011 ein neues Drama des Übergangs oder der Transformation – mit ebenfalls noch unsicherem Ausgang.

Tunesien
Wo alles begann

Tunesien gehört mit etwa 10,5 Millionen Einwohnern zu den kleineren Staaten der arabischen Welt. Zeitweise, von 1979 bis 1990, hatte die Arabische Liga ihren Sitz in Tunis, weil die ägyptische Mitgliedschaft in der Liga suspendiert war. Von 1982 bis 1993, nach der Vertreibung der Palästinensischen Befreiungsorganisation (PLO) aus dem Libanon und bis zu deren Übersiedlung nach Jericho und Gaza im Rahmen des

Oslo-Abkommens, befand sich hier auch das Hauptquartier der PLO. Aber eine besonders zentrale, aktive oder gar führende Rolle in der arabischen Politik hat Tunesien nie gespielt. Und es war sicher nicht das Land, von dem die Bürger anderer arabischer Staaten politische Anstöße erwarteten.

Präsident Zein al-Abidin Ben Ali, der sich 1987 durch einen unblutigen Coup an die Macht gebracht hatte, schaffte es, das Land aus regionalen und internationalen Konflikten herauszuhalten, sich mit den meisten arabischen Staaten wie auch mit Europa und den USA gut zu stellen und insbesondere seinen europäischen Partnern den Eindruck zu vermitteln, dass er mit seiner Politik für echte Stabilität stehe und diese auch garantiere. Letzteres beruhte allerdings mehr auf Suggestion, vielleicht auch Autosuggestion, als auf haltbaren Realitäten. Bereits Anfang des Jahrhunderts hatte ich mit Blick auf Tunesien vermutet, dass das autoritäre Modell dieses Landes »am Erfolg seiner eigenen Wirtschafts-, Sozial- und Bildungspolitik scheitern« könne, sei hier doch eine zunehmend differenzierte, komplexe Gesellschaft entstanden, die nun aufgrund der politischen Verhältnisse an ihrer Entfaltung gehindert werde.[22] Man könnte auch sagen, dass Tunesien zu dem arabischen Staat wurde, in dem die politische und die sozio-ökonomische Entwicklung am wenigsten zueinanderpassten: Wirtschaftlich befand man sich mehr oder weniger auf dem Stand einiger südeuropäischer Länder in den achtziger Jahren des 20. Jahrhunderts, politisch aber auf dem Portugals, Spaniens oder Griechenlands unter der Diktatur.

Tatsächlich war und ist Tunesien in vielerlei Hinsicht moderner als andere Staaten in der Region. Die Frauen beteiligen sich am öffentlichen Leben stärker als in fast allen anderen arabischen Staaten; der Anteil der Analphabeten ist niedriger als in Algerien und Ägypten und sehr viel geringer als in Marokko; die Gesellschaft ist stärker vernetzt als die der Nachbarn: 34 Prozent der Bevölkerung hatten hier 2010 einen Internetzugang; einen höheren Prozentsatz an Nutzern gibt es regional sonst nur in Iran sowie in den arabischen Golfstaaten mit ihren hohen Anteilen an Expatriates. Gleichzeitig herrschte in Ben Alis Tunesien allerdings eine sterile, repressive politische Atmosphäre, in der Widerspruch oder Opposition, die diesen Namen verdiente, schlicht nicht vorgesehen waren. Zwar gab es regelmäßig Wahlen, bei denen aber den legalisierten, handzahmen Oppositionsparteien von vornherein eine bestimmte Zahl an Sitzen zugewiesen wurde. Kandidaten, die bei den Präsidentschaftswahlen gegen Ben Ali antraten, wussten, dass sie keine Chance hatten, und sprachen sich gelegentlich für den Amtsinhaber aus. So konnte Ben Ali trotz mehrerer Gegenkandidaten stets um die 90 Prozent der Stimmen erringen. Die einst durchaus bedeutende, moderat islamistische Al-Nahda-Partei wurde erfolgreich aus dem öffentlichen Leben verdrängt, die traditionell gut organisierten Gewerkschaften auf Linie gebracht, zivilgesellschaftliche Organisationen streng überwacht. Tunesien unter Ben Ali, einem gelernten Polizeioffizier, wurde zu einem der repressivsten Systeme in der arabischen Welt, nicht zu einem blutig repressiven wie einst der Irak unter Saddam Hussein, aber zu einem auf umfassende Kontrolle setzenden Polizeistaat. Politische Gefangene stammten überwiegend aus dem Kreis der Islamisten. Liberale und säkulare Oppositionelle wurden vornehmlich durch Einschüchterungen zum Schweigen gebracht und oft ins Exil gedrängt – in nicht wenigen Fällen, wenn dies nicht wirkte, aber auch für Jahre ins Gefängnis geworfen.[23]

Tunesien entwickelte sich wirtschaftlich dank seiner gut ausgebildeten Arbeitskräfte und einer kulturell überwiegend offenen Mittelschichtgesellschaft zu einem bevorzugten Partner Europas, in dem viele Betriebe für den europäischen

Markt produzierten. Die repressiven Methoden des Regimes und die Tatsache, dass der Präsident und seine Angehörigen das Land zunehmend als ihr Privateigentum zu betrachten schienen, schreckten europäische Touristen und Firmen kaum ab. Die Binnenwirtschaft allerdings blieb hinter ihren Potentialen zurück, partiell zumindest, weil – zumal in der Endphase des Regimes – die korrupten Praktiken der Präsidentenfamilie inländische Investoren verunsicherten.[24] Auch war, wie in anderen arabischen Ländern, viel in die Universitätsausbildung investiert worden; die Zahl der graduierten Ingenieure, Ärzte und Betriebswirte wuchs erheblich, ebenso allerdings die Arbeitslosigkeit vor allem unter Schul- und Hochschulabgängern. Zahlen zufolge, die nach der Revolution veröffentlicht wurden, dürfte die Arbeitslosigkeit in der jungen Generation bei über 40 Prozent liegen.[25] Im Landesinnern sah es mit Beschäftigungsmöglichkeiten für junge Menschen ganz besonders schlecht aus.

Dass der verzweifelte Protest eines chancenlosen jungen Mannes, des 26-jährigen Gemüsehändlers Muhammad Bu Azizi, der sich selbst verbrannte, nachdem man seinen Gemüsekarren beschlagnahmt und er kein Gehör für seine Beschwerde gefunden hatte, zum Auslöser einer Revolte wurde, die sich zunächst auf Tunesien, dann auf andere arabische Staaten verbreitete, war so nicht zu erwarten. Vielleicht wäre auch weiter nichts geschehen, wenn niemand die Selbstverbrennung gefilmt hätte oder das Video nicht verbreitet worden wäre, wie es bei den Selbstmorden anderer offensichtlich verzweifelter junger Leute geschehen war, die es vor und nach der Aktion Bu Azizis gegeben hatte. Die Wucht, mit der die Ereignisse sich entfalteten, zeigte allerdings, dass buchstäblich ein Funke genügte, um eine politische Explosion auszulösen. Zunächst kam es zu Auseinandersetzungen zwischen Mitgliedern der Großfamilie Bu Azizis, bald auch zwischen der lokalen Bevölkerung und der örtlichen Polizei, bei denen die ersten Toten zu beklagen waren. Dann solidarisierten sich nicht anerkannte Gewerkschaften und Berufsverbände; internetkundige Jugendliche verbreiteten Videos über die Ereignisse per Facebook, von wo sie in die arabischen Satellitensender gelangten. Die Proteste griffen rasch vom Landesinnern nach Tunis über, vor allem nachdem Bu Azizi Anfang Januar seinen Verletzungen erlegen war. Dabei ging es zunächst keineswegs um die Machtfrage, sondern um eine allgemeine Forderung nach Würde, nach einer anständigen Behandlung der Menschen durch ihren Staat, an der es im Fall Bu Azizis so deutlich gefehlt hatte. Das Regime setzte auf Repression. Die zunehmend brutalen Polizeimaßnahmen, gezielte tödliche Schüsse auf Demonstranten eingeschlossen, heizten die Proteste aber eher an; die Forderungen wurden politischer. »Das Volk«, so wurde jetzt skandiert, »will den Sturz des Regimes.« Mitte Januar zeigte sich, dass das Regime nicht nur die Jugend, sondern auch die moderne, gebildete Mittelschicht verloren hatte, nicht zuletzt wohl aufgrund des Maßes an Gewalt, die es hier vor den Augen der durch *al-Jazeera* und Youtube geschaffenen Öffentlichkeit gegen die eigene Jugend anwandte.[26]

Ben Ali hatte zu diesem Zeitpunkt wohl schon gemerkt, dass repressive Maßnahmen nicht mehr ausreichen, um der Lage Herr zu werden. So versuchte er zunächst, mit dem – unrealistischen – Versprechen, innerhalb weniger Monate 50 000 Hochschulabsolventen eine Anstellung zu verschaffen, den sozialen Frieden wiederherzustellen. Vier Tage später erklärte er in einer Rede, er werde 2014 nicht wieder kandidieren, er werde ein Komitee des nationalen Dialogs einsetzen, die Pressefreiheit und freie Wahlen zulassen. »Ich habe euch verstanden!«, so der Präsident gleich mehrfach. Er hatte es wohl nicht, er kam mit seinem Angebot zu spät. Seine Gegner sahen, dass er Schwäche gezeigt hatte; die Armeeführung weigerte sich, auf die Demonstranten zu schießen; der Präsident setzte daraufhin den Armeechef ab. Ganz genau wissen wir nicht, wie die Entscheidungsprozesse abliefen. Wahrscheinlich machte die Armeeführung an diesem Punkt dem Präsidenten klar, dass seine Zeit abgelaufen war. Vielleicht war der Rat der Armeeführung auch nicht ganz so deutlich, und man trickste den Präsidenten vielmehr aus dem Amt. Ben Ali jedenfalls ließ später, während ihm in Tunis *in absentia* der Prozess gemacht wurde, verlauten, man habe ihm gesagt, er solle das Land nur zeitweise, aus Sicherheitsgründen, verlassen. Fakt ist, dass Ben Ali am Tag nach seiner Rede mit seiner Familie ein Flugzeug bestieg, das ihn ins saudische Exil brachte. Kaum einen Monat nach dem Ausbruch der Proteste war ein Autokrat gestürzt, der 23 Jahre lang geherrscht hatte.

Nach dem Abgang Ben Alis übernahm der Präsident des eigentlich machtlosen Parlaments die Rolle des Interimsstaatschefs. In rascher Folge wurden drei Übergangsregierungen ernannt, deren erste noch zahlreiche Minister aus der alten Ära enthielt. Diese wurden unter dem Druck anhaltender Proteste aber bald zum Rücktritt gezwungen, um einer unbelasteten Mannschaft Platz zu machen. Zu den politischen Kräften, die Tunesien durch die Übergangsphase zur Demokratie führen sollen, gehören Vertreter von Oppositionsparteien, die zum Teil schon vor der Revolution anerkannt, zum Teil aber auch halb legal oder illegal tätig waren, ferner einige Technokraten und daneben alte Politiker mit gutem Ruf, die wie der 84-jährige Übergangspremier al-Baji Qaid al-Sibsi noch unter Ben Alis Vorgänger Bourgiba gedient hatten, sowie eine Reihe überwiegend junger Rückkehrer aus dem Exil. Man bemühte sich, den Regeln der gültigen Verfassung zu folgen, obwohl diese auf den gestürzten Präsidenten zugeschnitten war. Denn man wolle, so Mustafa

Kamil Nabli, der von seiner Position in der Weltbank auf den Posten des Zentralbankgouverneurs in Tunis berufen wurde, eine »institutionelle Revolution«. Die existierenden Gesetze seien zwar schlecht, sie zu missachten hätte Tunesien aber auf den Weg in die völlige Ungewissheit geführt.[27]

Als revolutionärer Vorreiter sah Tunesien sich früher als andere arabische Staaten den Mühen der politischen Ebene ausgesetzt. Diese waren erheblich und blieben es. Ganz vorrangig ging es darum, die Sicherheitslage in den Griff zu bekommen. Die politische Polizei, das wichtigste Mittel der Repression im alten System, wurde aufgelöst, aber ihre Mitglieder waren weiter vorhanden und zweifellos keine Freunde der neuen Ordnung. Zahlreiche Kriminelle waren während der revolutionären Unruhen entkommen oder freigelassen, zum Teil wohl sogar bewaffnet worden. Die normale Kriminalität nahm zunächst zu; das Vertrauen der Bürger in die neue Regierung wurde zudem durch eine Reihe von Anschlägen auf die Probe gestellt, die offenbar von Mitarbeitern des alten Machtapparats ausgingen und zeigen sollten, dass durch die Revolution auch die Sicherheit, die unter Ben Ali geherrscht hatte, verschwunden war.

Die wirtschaftliche Lage verschlechterte sich zunächst ebenfalls. Der Tourismus, einer der wichtigsten Beschäftigungssektoren, brach fast völlig ein. Der Krieg in Libyen brachte zusätzliche Lasten: tunesische Arbeitsmigranten, die vor den Kämpfen flohen, aber auch Tausende Libyer und Flüchtlinge anderer Nationalität strandeten an der tunesischen Grenze. Dass internationale Ratingagenturen die Kreditwürdigkeit Tunesiens nach der Revolution erst einmal herabstuften, erhöhte nicht nur die Kosten für staatliche und private Investoren, sondern vermittelte auch den Eindruck, dass die internationale Finanzwelt lieber mit einem korrupten Regime à la Ben Ali als mit einem Land im Aufbruch zusammenarbeiten wolle. Es dauerte einige Wochen, bis sich Zeichen der Wiederbelebung einstellten: Eine Reihe von Unternehmern kehrte aus dem Exil zurück, und die Regierung bemühte sich mit internationaler Hilfe, einige sichtbare, arbeitsintensive öffentliche Investitionen auf den Weg zu bringen.

Zu alldem musste die Aufgabe der politischen Gestaltung übernommen werden, die eben nicht mehr nur die Sache eines autokratischen Herrschers und seines Apparats war. Obwohl das alte Parlament aufgelöst worden war, mussten Gesetze formuliert und verabschiedet werden; die verschiedenen an der Revolution beteiligten oder sie unterstützenden Gruppen forderten Gehör und Mitsprache; eingeübte demokratische Verfahren fehlten aber. Man behalf sich mit verschiedenen Komitees und Kommissionen, die aus anerkannten Experten – Professoren und Richtern vor allem –, Vertretern der Gewerkschaften und anderer gesellschaftlicher Organisationen und politischer Parteien zusammengesetzt wurden und zusammen eine »Hohe Instanz für die Realisierung der Ziele der Revolution, politischer Reform und des demokratischen Übergangs« bildeten, eine Art Vor-Parlament, das nicht gewählt war, aber sich auch durch die Einladung zusätzlicher Mitglieder repräsentativ zu geben versuchte. Trotz heftiger Auseinandersetzungen über den Weg zur Demokratie einigte man sich darauf, im Oktober eine verfassunggebende Versammlung wählen zu lassen. Nach der Verabschiedung einer Verfassung sollen dann Präsidentschafts- und Parlamentswahlen stattfinden. Darauf bereiten sich die Parteien, die ein schier unüberschaubares Spektrum abdecken, seither vor – im Sommer gab es bereits mehr als hundert. Auch die einst stärkste Oppositionspartei, die islamistische Nahda, wurde wieder legalisiert.

Die Rückkehr der Politik in ein Land, das offene Debatten, Widerspruch, Prozesse des Aushandelns und der Kompromissfindung kaum oder kaum noch kannte, bedeutet auch, dass Entscheidungsprozesse plötzlich von einer kritischen Öffentlichkeit mitgeprägt werden, die sich selbst als solche erst allmählich herausbildet. So war zunächst ein noch früherer Wahltermin angestrebt worden – revolutionäre Ungeduld verlangte sichtbare, rasche Fortschritte im Prozess der demokratischen Umwälzung. Rasche Wahlen hätten aber zu wenig Zeit für den Aufbau neuer Parteien gelassen, die sich im ganzen Land bekannt machen, ein Programm entwickeln, Mitglieder werben und öffentliche Debatten führen sollten. Ein früher Wahltermin hätte – so ließ sich jedenfalls vermuten –allenfalls Anhängern des alten Regimes oder der islamistischen Nahda genutzt, die allein über intakte Netzwerke verfügten. Der Oktobertermin war ein Kompromiss zwischen dem Drängen nach einem schnellen, sichtbaren Neuanfang und der Notwendigkeit einer sorgfältigen Vorbereitung des Neuen. Solche Umbruchdilemmata zeigten sich bald auch in Ägypten und dürften in anderen Umbruchländern ebenfalls sichtbar werden.

Der Ungeduld der Öffentlichkeit war auch der erste, rasche Prozess gegen den gestürzten Präsidenten Ben Ali geschuldet. Er wurde am 20. Juni in einem Verfahren, das schon nach einem Tag vorbei war, wegen Diebstahls zu einer 35-jährigen Haftstrafe verurteilt. Hier wurde ganz offensichtlich mehr dem Bedürfnis nach Abrechnung als dem nach neuer Rechtsstaatlichkeit nachgegeben. Weitere Prozesse gegen Ben Ali und Mitglieder seiner Familie stehen an.

Wahrscheinlich wäre Ben Ali, wenn er rechtzeitig – nach zwei oder sogar auch drei Amtsperioden – gegangen wäre und das Land nicht als Eigentum seiner Familie betrachtet hätte, als echter Modernisierer in die Geschichte des Landes eingegangen. Die gesellschaftliche und technische Modernität des Landes, die sein Regime hinterlassen hat, mag allerdings eine gute Voraussetzung sein, auch die Herausforderungen der politischen Modernisierung zu bewältigen.

Ägypten
Pharaos Sturz und der steinige Weg zur Demokratie

Über den Tahrir-Platz im Zentrum Kairos fließt der Verkehr wie vor den Tagen im Januar und Februar 2011, als er zum Zentrum der Revolution und, seinem Namen eine neue Bedeutung gebend, der »Befreiung« (*tahrir*) wurde. Vor allem an Freitagen bleibt er der bevorzugte Platz für politische Demonstrationen. Die Andenkenhändler haben sich auf T-Shirts, Sticker und Anhänger mit Slogans der Revolution, Bildern der dabei ums Leben gekommenen »Märtyrer«, auf Aufkleber in Form von Autokennzeichen, die sich »Ägypten 25.1.2011« lesen, vor allem aber auf ägyptische Fahnen verlegt. Ägypten ist stolz auf seine Revolution. Nicht weit entfernt, vor dem ausgebrannten fünfzehnstöckigen Hauptquartier der Nationaldemokratischen Partei (NDP), der mittlerweile aufgelösten ehemaligen Regimepartei, wirbt noch immer ein vom Feuer nicht erfasstes Megaplakat mit dem Bild von fünf fröhlichen Kindern: »Um die Zukunft deiner Kinder zu sichern«, heißt es darauf über dem Logo der NDP. Genau dazu aber, Präsident Husni Mubarak und seinem Regime die Zukunft ihrer Kinder anzuvertrauen, waren die Ägypter nicht mehr bereit.

Auch Mubarak hätte sich wahrscheinlich noch Anfang 2011 einen ehrenvollen Platz in den ägyptischen Geschichtsbüchern sichern können, wenn er, bevor die Revolution sein Land erfasste, erklärt hätte, dass er nach 31 Jahren keine weitere Amtszeit als Präsident anstreben und auch nicht versuchen werde, seinen Sohn Gamal zum nächsten Präsidenten zu machen. Mubarak hat, seitdem er 1981 an die Stelle seines ermordeten Vorgängers Anwar al-Sadat trat, beileibe nicht alles falsch gemacht. Die ersten zwei Jahrzehnte seiner Herrschaft gelten allgemein als erfolgreich. Mubarak hielt den Frieden mit Israel, überwand aber die Isolation, in die Ägypten nach dem Friedensschluss in seiner arabischen Umwelt geraten war, und machte Ägypten zum bevorzugten regionalen Partner der USA und der europäischen Staaten. Unter der Ägide Mubaraks überstand das Land eine Reihe politischer Krisen, nicht zuletzt eine Welle terroristischer Gewalt. In den neunziger Jahren des letzten Jahrhunderts entstand eine in Teilen moderne Wirtschaft, bildete sich eine neue urbane Mittelschicht heraus, welche allerdings die existierenden politischen und sozialen Verhältnisse am Ende immer weniger als zeitgemäß empfand. Im letzten Jahrzehnt der Ära Mubarak öffnete sich die soziale Schere zunehmend; die soziale Entwicklung und das öffentliche Bildungswesen wurden vernachlässigt; bei durchaus eindrucksvollen wirtschaftlichen Wachstumsraten wuchs auch der Anteil der Armen an der Gesamtbevölkerung; der Zuwachs an Beschäftigungsmöglichkeiten blieb zurück; vor allem unter Schul- und Hochschulabgängern nahm die Arbeitslosigkeit zu.

Politisch wirkte das Regime zudem zunehmend immobil. Der bei seinem Sturz 82-jährige Präsident schien physisch die Nähe zu seinem Volk zu scheuen und residierte fast ganzjährig fernab von Kairo in Sharm al-Sheikh am Roten Meer. Offenbar nahm er den Unmut, der sich in der Bevölkerung allgemein und ebenso in der Bürokratie und im Militär in Bezug auf sein eigenes Regiment breitmachte, gar nicht mehr wahr: Unmut darüber, dass dem Präsidenten die Sicherung einer dynastischen Nachfolgeregelung wichtiger zu sein schien als das Wohl seines Landes; dass der nie offiziell, aber sehr offensichtlich zum Nachfolger auserkorene Gamal Mubarak eine Koterie von Geschäftsleuten und Günstlingen in Regierungspositionen brachte, die dort zum Teil schamlos ihre persönlichen Interessen verfolgten; dass die Korruption sich ausweitete und die Mächtigen – Mubarak und seine Familie, deren Umgebung, die Funktionäre von Staatspartei, Polizei und Staatssicherheit – sich alles leisten konnten und keinerlei Rechenschaft unterworfen waren.

Mubaraks Ägypten war kein so streng autoritärer Polizeistaat wie Tunesien, sondern ein pluralistisch-autoritäres System, das den gebildeten Schichten ein komfortables Maß an persönlicher Freiheit erlaubte. Menschenrechtsorganisationen konnten Menschenrechtsverletzungen anprangern, und private Medien äußerten durchaus beißende Kritik an den Zuständen und selbst am Präsidenten. Anders als in Tunesien und Syrien wurde öffentlicher politischer Widerspruch weitgehend toleriert. Politische Demonstrationen waren nicht ungewöhnlich, wurden aber gelegentlich zusammengeknüppelt. Schon 2004 hatte sich eine politische Gruppierung unter dem Namen *Kifaya!* (»Es reicht!«) gebildet, um eine »Vererbung« der Macht an den Präsidentensohn zu verhindern. Und Muhammad ElBaradei, der ehemalige Chef der Internationalen Atomenergieorganisation (IAEA), der sich seit seiner Rückkehr nach Ägypten zu einem Hoffnungsträger für bürgerlich-liberale Kräfte entwickelte, ließ 2010 eine Million Unterschriften sammeln, um eine Verfassungsreform einzufordern, mit der unter anderem freie Wahlen garantiert werden sollten.

Formal existierte in Ägypten auch unter Mubarak ein Mehrparteiensystem. Es gab mehrere kleine legale Oppositionsparteien, die das Regime weitgehend zu kooptieren verstand, und mit der Muslimbruderschaft eine zwar nicht legalisierte, aber tolerierte Opposition mit breiter gesellschaftlicher Verankerung. 2005, als die Staatsmacht vergleichsweise freie Parlamentswahlen zuließ, gelang es den Muslimbrüdern, die als »Unabhängige« antraten, 20 Prozent der Sitze im Parlament zu erringen. Im selben Jahr traten auch bei den Präsidentschaftswahlen mehrere Kandidaten gegen den Amtsinhaber an. Sie blieben allerdings aussichtslos. Derjenige unter ihnen, der mit 7,6 Prozent der Stimmen am besten abschnitt, wurde anschließend unter fadenscheinigen Vorwänden zu einer mehrjährigen Haftstrafe verurteilt. Und, die moderat islamische Partei *al-Wasat* (»die Mitte«), die aussichtsreich zu sein drohte, wartete 15 Jahre lang vergeblich auf ihre Legalisierung durch eine Parteienkommission unter dem Vorsitz eines NDP-Funktionärs.

So stellte sich bei vielen, die etwas ändern wollten, das Gefühl ein, dass Widerspruch und Kritik nutzlos seien und sich nichts ändern würde: Intellektuelle, so der Journalist Hani Shukrallah im Gespräch, »konnten in der Presse schreiben, was sie wollten; es gab Pluralismus in den Medien, aber es machte keinen Unterschied. Es kam immer wieder zu lokalen Aufständen und Streiks, aber die machten sich im politischen Raum nicht bemerkbar. Wer nicht zur Mittelschicht gehörte, war allen möglichen Formen der Gesetzlosigkeit ausgesetzt. Die Polizei auf dem Land benahm sich wie eine Miliz, konnte die Bewohner verprügeln und foltern, Land konfiszieren, alles.«

Wo immer das Regime Gefahr witterte, dass Opposition und Widerspruch sein Machtmonopol und die dynastische Nachfolgeregelung bedrohen könnten, legte es die pluralistische Fassade ab. Die Parlamentswahlen von 2010 etwa wurden so radikal gefälscht, dass die NDP über 97 Prozent der Sitze erhielt. Dieses Ergebnis stellte auf jeden Fall sicher, dass kein Unabhängiger wie Muhammad ElBaradei die für eine Präsidentschaftskandidatur verlangten 65 Unterschriften von

Parlamentsabgeordneten zusammenbekommen würde. Die so offensichtliche Wahlfälschung verärgerte selbst Ägypter, die sich als regierungsnah verstanden. Sie nährte zudem den Verdacht, dass das Regime sich nicht mehr sicher war, genügend Unterstützung mobilisieren zu können, um wie früher ein Element echten Wettbewerbs zu erlauben. »Wir dachten«, erinnert sich Gamal Abd al-Gawad, der Chef des Al-Ahram-Zentrums für Strategische Studien in Kairo, »dass nur noch die allgemeine Apathie das System am Leben halten würde. Wir haben allerdings geglaubt, dass diese Apathie anhält. Wir haben uns getäuscht.«

Die gefälschten Wahlen mögen einer der Tropfen gewesen sein, die das Fass an den Rand des Überlaufens brachten. Es gab auch andere: So wurden 2010 mehr als 700 Streiks und andere Protestaktionen von Arbeitern gezählt. Bereits 2008 hatte sich nach einem größeren, von den Sicherheitskräften brutal niedergeschlagenen Streik von Textilarbeitern in der Industriestadt Mahalla al-Kubra eine vornehmlich über Facebook interagierende Solidaritätsgruppe gebildet – die »Bewegung des 6. Februar«. Tausende hatten, trotz deutlicher Warnungen der Behörden, ElBaradei Anfang 2010 bei dessen Rückkehr am Kairoer Flughafen begrüßt. Eine andere Facebook-Gruppe, die nach und nach über eine Million Unterstützer fand, bildete sich im Sommer 2010 unter dem Namen eines Bloggers, der kurz zuvor von der Polizei in Alexandria aus einem Internetcafé gezerrt und zu Tode geprügelt worden war: »*kulluna Khalid Said*/We are all Khalid Said« nahm sich vor, Proteste gegen staatliche Willkür publik zu machen und zu organisieren, und wurde später zu einer der wichtigsten Websites der Revolution.[28]

Zum eigentlichen Auslöser aber wurden die Ereignisse in Tunesien, die nicht nur Facebook-Aktivisten in Ägypten inspirierten. Die Frage, ob nach Tunesien auch andere Länder erfasst werden könnten, wurde allgemein diskutiert – selbst in Regierungskreisen. Der ägyptische Außenminister Abu al-Gheith erklärte allerdings zwei Tage nach dem Abgang Ben Alis, jedes Gerede darüber, dass sich, was in Tunesien geschehen sei, in andere arabische Staaten oder nach Ägypten ausbreiten könne, sei Unsinn.[29] Auch er täuschte sich.

Tunesien ermutigte zweifellos eine größere Zahl von Bürgern, als unter anderen Umständen zusammengekommen wären, sich einem Protest anzuschließen, der von einer Gruppe politisch unorganisierter Aktivisten, im Kern von zehn bis fünfzehn jungen Leuten, per Facebook für den 25. Januar angekündigt worden war, offiziell dem »Tag der Polizei«. Die Organisatoren riefen zunächst dazu auf, gegen die Brutalität der Staatsorgane zu demonstrieren, und ergänzten das erst später durch die Forderung nach einer Ablösung des Innenministers, einer Aufhebung des Ausnahmezustands, einer Begrenzung der Amtszeit des Präsidenten sowie nach fairen Mindestlöhnen. Es ging dabei also noch nicht um die Machtfrage, sondern in erster Linie um Menschenwürde und Rechte. Gerade am Polizeitag war das ein Thema, das auch bei einfachen Leuten ankam und Verständnis für die Demonstranten weckte. »Die Ägypter verstehen vielleicht nicht so viel von Demokratie«, meint Shehab Wagih, ein 27-jähriger Ingenieur und Jugendaktivist im Rückblick, »aber sie wissen, dass sie auf der Polizeiwache nicht geohrfeigt und verprügelt werden sollten.« Organisatoren und andere Zeitzeugen sind sich einig, dass die Beteiligung an der Demonstration alle Erwartungen überstieg. Einige, so eine junge Anwältin, hätten von 20 000 Teilnehmern geträumt, aber niemand habe die 60 000 bis 70 000 für möglich gehalten, die sich an diesem Tag wohl tatsächlich versammelten.

Der eigentliche Aufstand, den die Ägypter seit dem Sturz Mubaraks zur »Revolution des 25. Januar« erklärt haben, dauerte 18 Tage. Am ersten Tag wurde offenkundig, dass das Regime das Ausmaß des Protests unterschätzt hatte. Zwar gelang es den Sicherheitskräften noch, den Tahrir-Platz, der zum zentralen Ort der Revolte werden sollte, zu räumen. Das tat der Kraft dieser ersten großen Demonstration aber keinen Abbruch. Der folgende Freitag, der 28. Januar, wurde von der Protestbewegung zum »Tag des Zorns« erklärt. Er wurde dies auch, nicht nur in Kairo, sondern in fast allen größeren Städten des Landes. Die Regierung versuchte, die Proteste einzudämmen, indem sie Internet und Mobilfunk lahmlegte. Vergeblich, denn der Protest ging mittlerweile weit über jene hinaus, die Facebook-Aufrufe lasen. Zahlreiche Menschen gingen direkt nach den Freitagsgebeten auf die Straße. Aus den Demonstrationen der Mittelschichtangehörigen war eine Massenbewegung geworden.

Allein in Kairo nahmen Hunderttausende an den Demonstrationen teil und hielten dann in erbitterten Straßenschlachten den Tahrir-Platz gegen die Polizei. Diese ging mit schockierender Brutalität vor, machte etwa – wie jeder ägyptische Fernsehzuschauer über *al-Jazeera* miterleben konnte – mit Fahrzeugen Jagd auf einzelne Menschen. Bis zu hundert Demonstranten kamen zu Tode. Die Polizei verlor die Kontrolle; Polizeiwachen und der Sitz der NDP standen bald in Flammen. Von diesem Tag an unterstützte auch die Muslimbruderschaft die Proteste. Selbst Kritiker der Bruderschaft bezeugen, dass diese Unterstützung essentiell war. Die disziplinierte, häufig in Auseinandersetzungen mit der Polizei erfahrene Basis der Bruderschaft konnte andere Demonstranten schützen; dass sie landesweit organisiert war, half dabei, Nachrichten und Aufnahmen von Auseinandersetzungen außerhalb Kairos international zu verbreiten.

Mubarak hielt am folgenden Tag eine Rede, die zeigte, dass dem Regime der Ernst der Lage allmählich dämmerte; allerdings glaubte man noch, die Lage mithilfe des Militärs in den Griff bekommen zu können. Mubarak drohte, dass Ordnungsverstöße nicht toleriert würden, ernannte aber einen Vizepräsidenten und installierte ein neues Kabinett mit einem ehemaligen General als Ministerpräsidenten und ohne den Innenminister und die Geschäftsleute aus dem Umfeld seines Sohnes. Die Armee rückte aus, positionierte sich am Tahrir-Platz und zum Schutz wichtiger öffentlicher Einrichtungen. Sie wurde von den Demonstranten freundlich begrüßt. Gleichzeitig zog die Polizei sich von den Brennpunkten der Demonstrationen zurück und verschwand regelrecht aus dem Straßenbild. Schlägertrupps und Kriminelle begannen Unsicherheit zu verbreiten. Die meisten lokalen Beobachter sahen hierin den perfiden Versuch des Regimes, ganz ähnlich wie in Tunesien die Bürger in Angst zu versetzen.

Die nächsten Tage brachten Eskalation und partielles Chaos. Die Protestbewegung wuchs weiter an und erhielt deutlichen moralischen Auftrieb, als die Armeeführung erklärte, sie unterstütze die »legitimen Forderungen« der Demonstranten – die bereits überall skandierten, dass das Volk »den Sturz des Regimes« wolle. Die ägyptische Armee war dem Staat und prinzipiell auch dem Präsidenten gegenüber loyal. Aber sie war, schon aus eigenen Interessen, höchst skeptisch im Hinblick auf den Aufstieg Gamal Mubaraks und die Aussicht, dass dieser seinem Vater nachfolgen könnte. Mit der Verlautbarung über die »legitimen Forderungen« wurde erstmals angedeutet, dass das Militär sich gezwungen sehen könnte, zwischen der Treue zum Staat und der zum Präsidenten zu unterscheiden.

In einer zweiten Rede, drei Tage nach der ersten, versuchte Präsident Mubarak offensichtlich bereits, sich einen würdevollen Abgang zu sichern. Er erklärte, dass er bei den im September anstehenden Präsidentschaftswahlen nicht wieder antreten werde und auch zu Verfassungsänderungen bereit sei – und dass er in Ägypten sterben wolle. Viele Bürger sprach das emotional an. Mubarak verlor diese Sympathie allerdings umgehend wieder, weil das Regime vom nächsten Tag an auf Eskalation setzte: Zunächst ließ man die Protestbewegung von den staatlichen Medien als ausländische Verschwörung diffamieren; dann wurden Schlägertrupps auf die Demonstranten und sogar auf ausländische Journalisten losgelassen. Mubarak-Anhänger, teilweise zu Pferde oder auf Kamelen, griffen die Menge auf dem Tahrir-Platz an. Regierung, Opposition und Medien verbreiteten unterschiedliche Zahlen, aber sicher ist, dass erneut viele Menschen getötet und sicher weit über tausend verletzt wurden. Die Protestbewegung behielt die Oberhand – wohl auch dank der kräftigen Unterstützung einiger Fußballfanclubs, die mehr straßenschlachterfahren als politisch waren, sicher aber den gesammelten Zorn einer marginalisierten Jugend repräsentierten.

Es folgte eine Woche des politischen Patts, in der die Protestbewegung unter dem Schutz des Militärs den Tahrir-Platz besetzt hielt, Militär und Regierung, unabhängige politische Persönlichkeiten und Teile der Jugendbewegung aber gleichzeitig nach Möglichkeiten des Dialogs suchten. Die dabei vom neuen Vizepräsidenten und ehemaligen Geheimdienstchef Omar Sulaiman angebotenen politischen Konzessionen kamen zu spät und wurden als unzureichend abgelehnt. Gleichzeitig traten immer mehr Arbeiter in unterschiedlichen Landesteilen und Branchen in den Streik. Selbst in den staatlichen Medien wurde Unmut spürbar, und erstmals kamen Mitglieder der Protestbewegung auch dort zu Wort.

Das Regime wirkte zunehmend orientierungslos. Der letzte Teil dieses Dramas begann am 10. Februar, als ein Führungsmitglied der NDP öffentlich erklärte, Mubarak werde wohl am Abend zurücktreten, ein Armeesprecher dann ein »Kommuniqué Nummer eins« – die übliche Chiffre für einen Militärcoup – verlas, in dem wieder einmal von den legitimen Rechten des Volkes die Rede war, das ansonsten aber opak blieb. Mubarak hielt am selben Abend, viel später als angekündigt, seine dritte und – wie sich zeigen sollte – letzte Rede. Sie war faktisch ein Dreiviertelrücktritt, gleichzeitig eine Weigerung, dies zuzugeben, und ein Zeugnis, wie groß die Distanz zwischen dem Präsidenten und der Jugend, die auf dem Tahrir-Platz und in anderen Teilen des Landes demonstrierte, geworden war. Erst am nächsten Tag erklärte Vizepräsident Sulaiman, dass der Präsident zurückgetreten sei und seine Macht dem Militär übertragen habe.

Wie in Tunesien war auch im ägyptischen Fall auffällig, wie wenig Einfluss das interessierte Ausland, also insbesondere die USA und die Europäische Union, auf die Ereignisse hatte. Es wird unklar bleiben, wie wichtig die intensiven Kontakte waren, die das amerikanische Militär mit der ägyptischen Armeeführung unterhielt, insbesondere mit Generalstabschef Sami Annan, der wenige Tage vor dem Sturz Mubaraks in Washington zu Besuch war. Politisch jedenfalls war man von der Entwicklung überrascht, setzte noch bis Anfang Februar auf eine Veränderung des Regimes von innen, hielt dann allerdings, zum Ärger vor allem des saudischen Königs, nicht an Mubarak fest, als diesem die Kontrolle entglitt. Die Ägypter hatten ihren Präsidenten selbst gestürzt – und damit einen Dammbruch verursacht: Wenn das ägyptische Regime unter dem Druck der Straße fiel, dann konnte kein Staat der arabischen Welt mehr so tun, als gehe ihn dies alles nichts an.

Die Ägypter hatten eines erreicht: den Abgang Mubaraks. Er war das Resultat eines Aufstands der Bürger, einer Massenerhebung. Aber er stellte noch keine abgeschlossene Revolution dar, auch wenn die Ägypter ihn als solche feierten. Mit dem 11. Februar begann in Ägypten eine Übergangszeit voller Optimismus, mit hohen Erwartungen und voller Unklarheiten über die politische Ordnung und die politischen Kräfteverhältnisse. Es gibt eine demokratische Stimmung, aber noch keine demokratischen Verhältnisse.

Der Sturz Mubaraks hinterließ zwar kein Führungsvakuum, ersetzte das alte autoritäre System jedoch noch nicht durch ein neues, demokratisches. Die höchste Entscheidungsgewalt lag – und liegt noch beim Militär, genauer beim Obersten Rat der Streitkräfte (Supreme Council of the Armed Forces). Dessen Vorsitzender, Feldmarschall Hussein Tantawi, der zehn Jahre lang unter Mubarak Verteidigungsminister war, übt damit die Funktion des Staatsoberhaupts aus; darüber hinaus hat der Militärrat nach der Auflösung des Parlaments auch legislative Funktionen.

Der Militärrat bekannte sich wiederholt zu einer demokratischen Zukunft des Landes. Er steht in der Tat vor der komplexen Aufgabe, die Revolution zu schützen, ein Auskommen mit der Protestbewegung zu finden, eine neue politische Ordnung mit auf den Weg zu bringen und dabei den eigenen Rückzug von der Macht zu verhandeln – und er wird dabei auch seine eigenen Interessen sichern wollen.

Eine echte Gewaltenteilung fehlte also erst einmal. Ein gewisses Gegengewicht zur ansonsten unkontrollierten Macht der Militärs bildeten allein die revolutionären Akteure, insbesondere die Organisatoren der Proteste, die sich zu einer losen »Koalition der Jugend der Revolution« zusammengeschlossen hatten, sich als Korrektiv und Treiber der Politik verstanden und regelmäßig weiter zu Demonstrationen aufriefen. Der Militärrat musste lernen, dass er Demonstrationen nicht einfach verbieten, dass er nicht gegen den Tahrir-Platz und die öffentliche Stimmung regieren konnte. Anfänglich beließ er die noch von Mubarak eingesetzte Regierung im Amt, entließ diese aber angesichts anhaltender Proteste, und er konsultierte Vertreter der Jugendkoalition bei der Regierungsneubildung. Der neue Ministerpräsident, Essam Sharaf, ein Technokrat, der unter Mubarak einst ein Ministeramt bekleidet hatte, aus Protest gegen unsaubere Praktiken jedoch zurückgetreten war, gehörte zu denen, die von den jungen Leuten ins Spiel gebracht wurden. Sharaf erkannte die moralische Autorität des Tahrir-Platzes an und stellte der Jugendkoalition nach seiner Ernennung ein Büro in seinem Amtssitz zur Verfügung. Dass Husni Mubarak, der zunächst zwei Monate lang unbehelligt in seiner Residenz verbrachte, schließlich verhaftet und vor Gericht gestellt wurde, war ebenfalls dem öffentlichen Druck und den aggressiven Demonstrationen geschuldet und dürfte zudem darauf abgezielt haben, die in der Protestbewegung allmählich anwachsende Kritik an der Amtsführung des Militärrats abzuleiten.[30] Im Sommer konnte man auf dem Tahrir-Platz bereits Forderungen nach einem Abtritt des Rats und insbesondere von Feldmarschall Tantawi hören. Auch Sharaf, der Ministerpräsident, geriet nach einigen Monaten unter den Druck neuer, großer Demonstrationen. Daraufhin ersetzte er im Juli mehrere Mitglieder seines Kabinetts, kündigte die Ablösung früher ernannter Provinzgouverneure an und entließ über 500 Polizeigeneräle – alles um, wie er ausdrücklich erklärte, dem »Willen des Volkes« nachzukommen.

Die Armee hat sich in den Monaten nach dem Sturz des alten Regimes nicht immer geschickt verhalten. Im Umgang mit Demonstranten und insbesondere mit Kritikern des Militärs traten oft die alten autoritären Reflexe zutage. Im April ließ etwa die Verurteilung eines Bloggers durch ein Militärgericht Warnzeichen aufleuchten: Der junge Mann hatte die Machtausübung durch das Militär scharf kritisiert. Der Militärrat kommuniziert und konsultiert allenfalls selektiv, jedenfalls nicht gemäß einem institutionalisierten und transparenten Verfahren. Man hörte in Kairo, dass seine Mitglieder sich mehr oder weniger regelmäßig mit einem Kreis von 60 bis 70 Beratern treffen, in dem auch Vertreter der Jugendbewegung und der neuen Parteien vertreten sind. Wer konsultiert wurde, rühmte sich oft eines privilegierten Zugangs. Entscheidungen wurden dann aber, ohne öffentliche Debatte, über Militärsprecher oder Facebook bekannt gegeben, wo der Rat seine eigene Seite unterhält.[31] Erstaunen und Kritik löste aus, dass der Militärrat zwei Wochen nach einem Referendum, mit dem im März wenige Artikel in der Verfassung geändert und ein grober Ablaufplan für die politische Transformation festgelegt worden waren, aus eigener Autorität eine weitergehende »Verfassungserklärung« erließ. Kritiker bemängelten Einzelheiten dieser Übergangsverfassung, vor allem das intransparente, im Grunde autoritäre Verfahren, mit dem sie verordnet worden war.[32]

Allgemein billigt die politische Öffentlichkeit und, soweit dies zu beurteilen ist, die Bevölkerung dem Militär gleichwohl gute Absichten zu: Das Militär habe nun einmal keine Erfahrung mit demokratischen Verfahren. Die Offiziere seien aber selbst daran interessiert, die Macht an eine zivile Regierung abzugeben, sie wüssten, dass sie nicht gelernt haben zu regieren, wollten auch nicht riskieren, dass politische Konflikte in die Armee importiert werden. Sicher würden sie allerdings bestimmte Privilegien und Eigeninteressen wahren. Dazu gehört die Kontrolle über ein ansehnliches

Konglomerat von Wirtschaftsunternehmen sowie eine privilegierte Sozial- und Gesundheitsversorgung, ebenso der Schutz von Armeeangehörigen, die nicht weniger als andere Funktionäre des alten Regimes von einer Aufarbeitung der Vergangenheit betroffen sein könnten. Immerhin kündigte Feldmarschall Tantawi im Juni an, dass man Korruptionsvorwürfen gegen Offiziere nachgehen werde, erforderliche Maßnahmen allerdings innerhalb der Streitkräfte getroffen würden, gegebenenfalls von den Militärgerichten.

Nicht alle Beobachter und Teilnehmer des politischen Spiels in Ägypten zeigen sich angesichts der militärischen Machtfülle völlig sorglos: Er gehe davon aus, sagte mir ein gut vernetzter Geschäftsmann, dass Tantawi, der Chef des Militärrats, wohl selbst für das Präsidentenamt kandidieren oder ein anderer General oder Ex-General ins Rennen geschickt werde. Das Militär entwickle durchaus Geschmack an der Macht, sagt ein anderer Beobachter. Und ein Minister warnte davor, zu lange mit Parlamentswahlen und der Bildung einer gewählten Regierung zu warten: Man wisse ja, dass das Militär auch 1952, nach dem Coup Gamal Abd al-Nassers, versprochen habe, nur sechs Monate zu bleiben. Es seien dann 60 Jahre daraus geworden.[33]

Erwartungsmanagement

Die vom Militärrat ernannte Regierung sah sich derweil sehr hohen Erwartungen ausgesetzt. »Du kannst in 18 Tagen eine Regierung stürzen«, sagt Telekommunikationsminister Magued Othman, »aber keine Bildungsreform durchführen. Alle nehmen jetzt die Regierung als zu langsam wahr. Nach vierzig Jahren Stagnation! Jetzt sagen die Leute: Ihr seid schon drei Monate im Amt. Und ihr habt immer noch nicht das Abfallproblem gelöst.« Man leiste Aufbauarbeit, so die leise Klage des bedächtigen Sechzigjährigen. Dies und die objektiven Schwierigkeiten würden aber nicht immer anerkannt.

Tatsächlich ging die Revolution auch in Ägypten mit einem wirtschaftlichen Einbruch einher. Wie in Tunesien fielen zunächst die gewohnten Einnahmen aus dem Tourismussektor fast völlig aus; höhere Lohnforderungen und Gehaltserhöhungen belasteten die Wirtschaft und die Staatskasse; fortdauernde Streiks legten stellenweise die Produktion lahm; die Devisenreserven schmolzen rasch. Zudem kamen mehr als 100 000 ägyptische Arbeiter aus Libyen zurück, die vorher mit ihren Überweisungen ihre Familien versorgt hatten. Die neue Regierung handelte relativ erfolgreich Kredit- und Hilfszusagen mit den Golfstaaten aus. Das half unmittelbare Finanzengpässe zu überwinden, löste aber noch keines der strukturellen wirtschaftlichen und sozialen Probleme.

Sicherheitsprobleme kamen hinzu, vor allem außerhalb der Hauptstadt. Die Polizei war insgesamt demotiviert. Zahlreiche Offiziere fürchteten, für die Niederschlagung der Proteste belangt zu werden; viele einfache Polizisten waren nach Hause gegangen und nicht zurückgekehrt. Zahlreiche Strafgefangene entkamen während der Unruhen oder wurden gezielt freigelassen. Die »normale« Kriminalität nahm zu. Zudem verbreiteten Schlägertrupps, die der formal aufgelösten Staatssicherheit verpflichtet schienen, hin und wieder gezielt Furcht und Chaos etwa bei öffentlichen Veranstaltungen. Manche Beobachter wollten hier die Sturmtruppen einer »Konterrevolution« am Werk sehen.

Auch konfessionelle Spannungen und Angriffe auf Angehörige der christlichen koptischen Minderheit bereiteten Sorge. Es ist nicht klar, ob Gewaltaktionen gegen Christen und christliche Einrichtungen wirklich zunahmen. Immerhin gab es auch unter dem Mubarak-Regime immer wieder konfessionelle Auseinandersetzungen und Anschläge auf Gotteshäuser – zuletzt, besonders blutig, am Silvesterabend 2010 auf die Kirche der Heiligen in Alexandria. Zweifellos setzten die Revolution und das partielle Sicherheitsvakuum aber eine Reihe der übelsten Emotionen frei, die das autoritäre System unter dem Deckel gehalten hatte. So kam es im Mai zu gewalttätigen Angriffen einer Gruppe salafitischer – extrem fundamentalistischer – Muslime auf mehrere Kirchen im Kairoer Arbeiterviertel Imbaba. Über Ursachen und Verlauf dieses Vorfalls kursieren seither unterschiedliche, jeweils stark konfessionell geprägte Versionen. Sicher ist, dass fünfzehn Menschen – Christen und Muslime – ums Leben kamen und eine Kirche völlig in Flammen aufging – und dass die Polizei nicht eingriff.

Solche Vorfälle, aber nicht sie allein, ließen einige Beobachter mutmaßen, dass Vertreter salafitischer Gruppen, die unter dem alten System eher quietistisch waren und seit der Revolution sehr viel aggressiver auftreten, in heimlichem Einvernehmen mit Teilen des alten Sicherheitsapparats stehen und von diesen vielleicht sogar benutzt würden. Dies mag so sein oder nicht. Eigentlich geht kaum jemand davon aus, dass Ägyptens zum Teil von Saudi-Arabien inspirierte Salafiten großen Zulauf erhalten werden: Die große Mehrheit der Ägypter ist entsprechenden Umfragen zufolge zwar religiös, lehnt Extremismen aber ab. Die Aussicht, dass salafitische Gruppen die neue Freiheit nutzen könnten, um antichristliche Gefühle zu schüren, ist dennoch beunruhigend – nicht nur für die Christen des Landes. Zu den Erwartungen, denen Militärrat und Regierung sich ausgesetzt sahen, gehörte auch die nach einer Bestrafung Mubaraks, seiner Familie, von Ministern des alten Regimes und von Polizisten, die für den Tod von Demonstranten verantwortlich waren. Immerhin verloren bei dieser insgesamt friedlichen Revolution fast 850 Menschen ihr Leben. Wiederholte, oft aggressive Demonstrationen von Angehörigen der Opfer gegen ein ihrer Auffassung nach zu laxes und langsames Vorgehen der Justiz überforderten wiederum die ohnehin demotivierten und dezimierten Polizeikräfte. Der Militärrat entschied sich, wie erwähnt, erst unter dem Druck anhaltender Proteste, den Ex-Präsidenten festnehmen und vor Gericht stellen zu lassen. Mehrere ehemalige Minister, die sich ohnehin im Ausland befanden, wurden in sehr kurzen Prozessen wegen Korruption oder Unterschlagung zu längeren Haftstrafen verurteilt. Anfang August begann dann der Prozess gegen Mubarak selbst, zwei seiner Söhne und den ehemaligen Innenminister in einem speziell dafür hergerichteten Gerichtssaal. Den ehemaligen Präsidenten im Gitterkäfig zu sehen wie jeden gewöhnlichen Angeklagten in einem ägyptischen Strafprozess war für viele Angehörige der Opfer eine bittere Genugtuung, die zumindest zeitweise die Kritik am Militärrat abschwächte. Selbstverständlich hatte der Prozess, wie kritische Beobachter in Ägypten freimütig konzedierten, einen populistischen Charakter. Aber er war eben auch ein Zeichen, dass das alte System wirklich besiegt worden war. Für die ägyptische Justiz ist dies keine leichte Situation: Sie wird weiter unter dem Druck stehen, den Wunsch nach einer sichtbaren Aburteilung des gesamten alten Regimes zu befriedigen, weiß andererseits aber auch, dass sie international daraufhin geprüft wird, wie rechtsstaatlich das neue Ägypten agiert.

Eine Chance, keine Garantie

Was den Ägyptern bei allen Schwierigkeiten in dieser Übergangsphase half, war ein fast durchgängiger post-revolutionärer Optimismus. Dies spiegelte sich nicht nur in Meinungsumfragen. Im März waren immerhin 82 Prozent der Befragten überzeugt, dass die Dinge in Ägypten sich in die richtige Richtung entwickelten.[34] Gespräche mit ägyptischen Journalisten, Wissenschaftlern, Politikern, Geschäftsleuten, Menschenrechtsaktivisten, Angestellten, Beamten, Arbeitern und natürlich Taxifahrern, der Hauptquelle, wie es oft scheint, so manches westlichen Journalisten, vermittelten auch einige Monate später kaum einen anderen Eindruck. Solche Begegnungen sind nie repräsentativ, aber sie geben ein Stimmungsbild. Danach scheint ein Gefühl vorzuherrschen: dass die Revolution nötig war und dass die wirtschaftlichen und sozialen Schwierigkeiten sich bewältigen lassen, wenn die größere Herausforderung des politischen Übergangs mutig angegangen wird und die Gemeinsamkeit, die die Ägypter in der Revolution demonstriert haben, sich trotz aller politischen Differenzen aufrechterhalten lässt.

Natürlich gibt es auch Skeptiker. Er habe, sagt mir ein Wissenschaftler, gehofft, dass das Regime sich von innen verändern lasse. Die Fehlentwicklungen seien offensichtlich gewesen; nicht zuletzt die gefälschten Wahlen von 2010 hätten das Regime diskreditiert. Er habe gleichwohl auf Reform von innen, nicht auf Revolution gesetzt. Und deshalb sei er auch nur als Beobachter zum Tahrir-Platz gegangen, während seine Kinder dort demonstrierten. Er sei besorgt gewesen und sei es immer noch, dass es ein Machtvakuum geben könne, dass die Islamisten zu viel Macht erhalten und konfessionelle Friktionen aufbrechen. Faktisch sei es bisher, gibt er zu, weniger schlimm gewesen, als er erwartet habe. Vielleicht könne man sogar von einer »Reform durch revolutionäre Methoden« sprechen. Man werde sehen: »Wir haben eine Chance, aber keine Garantie.«

Die Rückkehr der Politik
Neue Gemeinsamkeit, neue Differenzen

Vor dem Nile City Tower, einem Doppelturm im Stile des einstigen New Yorker World Trade Center, hockt der Junge mit dem Schuhputzkasten. Er sei fünfzehn, sagt er, und natürlich sei er bei der Revolution auf dem Tahrir-Platz gewesen: »Klar, war ich da. Die haben auf uns geschossen.«

Im 28. Stock des Nile City Tower sitzt Naguib Sawiris hinter seinem Schreibtisch. Seine Firma Orascom betreibt Mobilfunkunternehmen in zahlreichen Ländern Afrikas und Asiens. »Wir sind die reichste Familie Ägyptens«, teilt er freimütig mit, »und ich bin persönlich der größte Steuerzahler.« Natürlich sei er von der Revolution überrascht gewesen, hätte das so nicht für möglich gehalten. Aber dann sei er gleich vom 28. Januar an dabei gewesen, auf dem Tahrir-Platz und mit Erklärungen auf arabischen Fernsehkanälen. Sein Bruder und Geschäftspartner habe ihn gefragt, ob das klug sei, sich so festzulegen. Vielleicht ja nicht: »Aber einmal im Leben muss man das Richtige tun!«

Es gibt noch dieses Gefühl der Gemeinsamkeit in einem neuen Ägypten, in dem alle zusammen sich als Bürger und als Nation verstehen und das fortsetzen, was sich auf dem Tahrir-Platz so eindrucksvoll manifestierte: die Einheit von Armen und Reichen, Muslimen und Christen, Männern und Frauen, Islamisten und Liberalen, die miteinander demonstrieren, auf engstem Raum zusammenstehen, gemeinsam essen, nebeneinander beten, sich helfen, sich gegenseitig schützen – und am Ende gemeinsam aufräumen.

Man ist stolz auf dieses gemeinsame Erwachen als Bürgernation und versucht es zu pflegen, sichtbar etwa in Graffiti und Plakaten, die die Einheit von Kreuz und Halbmond darstellen, und dem ubiquitären Rot-Weiß-Schwarz der ägyptischen Trikolore. Dennoch ist nicht zu übersehen, dass die gesellschaftlichen und politischen Gegensätze mit der Revolution nicht einfach verschwunden sind: »Wir hatten gemeinsam das eine Ziel, Mubarak hinauszuschmeißen«, sagt die Menschenrechtsaktivistin Nihad Abolkhomsan, »aber über die Zukunft waren wir uns nicht einig.«

Das war nicht anders zu erwarten. Der Übergang zu einem wirklich pluralistischen System geht notgedrungen mit einer Akzentuierung von gegensätzlichen Positionen, mit der Formierung politischer Parteien, politischer Lagerbildung und auch mit offenen und verdeckten Machtkonflikten einher. Nicht selten versteckten sich politische Machtübungen hinter vordergründig prozeduralen Fragen.

Solche Ambivalenzen des Übergangs zeigten sich bereits im März beim Referendum über die Verfassungsergänzungen. Dieses stellte tatsächlich eine Rückkehr der Politik dar, polarisierte gleichzeitig aber auch. Der Abstimmung war eine kurze, intensive Debatte vorausgegangen, unter anderem in unzähligen Fernsehtalkshows, die seit der Revolution auf privaten und öffentlichen Kanälen laufen. Der größte Teil der Jugendkoalition, liberale und säkulare Kräfte – darunter auch Muhammad ElBaradei und Amr Musa, die zwei säkularen Persönlichkeiten, die sich bereits zu zukünftigen Präsidentschaftskandidaten erklärt hatten – riefen dazu auf, die vorgeschlagenen Änderungen abzulehnen, weil diese nicht weit genug gingen und weil sie die vorgesehene weitere Reihenfolge von Wahlen und anderen Schritten im Übergangsprozess für falsch hielten. Die Muslimbruderschaft und salafitische Gruppen warben dagegen für ein Ja. Sie taten das mit durchaus unlauteren Methoden, nicht nur weil sie Moscheen für ihre Kampagne nutzten, sondern vor allem weil sie den Eindruck erweckten, ein Nein öffne liberalen und säkularen Kräften den Weg zur Abschaffung des Artikels 2 der Verfassung, der die islamische Sharia zur Hauptquelle der Gesetzgebung erklärt. Dies war inhaltlich unzutreffend, vor allem aber geeignet, einen Gegensatz zwischen »guten Muslimen« und anderen zu definieren. Es nährte zudem den Verdacht, dass der Militärrat, der die vorgeschlagenen Änderungen schließlich hatte erarbeiten lassen, mit der Muslimbruderschaft bereits eine stille Allianz für die Zukunft geschlossen habe.

Letztlich stimmten 77 Prozent für, 22 Prozent gegen die vorgeschlagene Änderung. Auch für viele, die eine Ablehnung befürwortet hatten, war das wichtigste Ergebnis allerdings, dass über 40 Prozent der Ägypter von ihrem Stimmrecht Gebrauch gemacht hatten. Nach Jahrzehnten, in denen die Beteiligung an Wahlen und Abstimmungen selten über zehn Prozent hinausging, war dies ein gutes Ergebnis: ein Zeichen dafür, dass politische Gegensätze an der Wahlurne entschieden werden können und die Beteiligung an einer Abstimmung etwas bedeutet. Die Annahme der Verfassungsänderungen durch eine große Mehrheit der Wähler sollte zudem nicht als eine entsprechende Zustimmung für die Muslimbruderschaft und deren Programm verstanden werden. Viele stimmten einfach mit ja, weil sie wollten, dass der politische Prozess weitergeht und möglichst bald eine handlungsfähige Regierung ins Amt kommt.

Mit dem Referendum deutete sich auch der Beginn einer politischen Lagerbildung an, bei der es allerdings keine festen Abgrenzungen, sondern Raum für teils inhaltlich, teils taktisch bedingte Bündnisse, Koalitionen, aber auch Abspaltungen oder Frontwechsel gibt: Auf der einen Seite formieren sich all die Kräfte, die im ägyptischen Sprachgebrauch heute als »liberal« gelten, sich jedoch mit Rücksicht darauf, dass die meisten Ägypter religiös und fromm sind, ungern als »säkular« bezeichnen lassen. Das Spektrum reicht hier, im europäischen Verständnis, von linken bis zu rechtsliberalen Gruppierungen. Etwas generalisierend sind dies bei allen sonstigen Unterschieden Anhänger einer liberalen Demokratie mit klarer Verankerung gleicher Bürgerrechte, die darüber hinaus eine Vermischung von Religion und Politik ablehnen. Auf der anderen Seite bildet sich ein konservativ-islamisches Lager heraus, dessen stärkste Kraft die Muslimbruderschaft darstellt. Hier bekennt man sich zwar ebenfalls zur Demokratie und überwiegend zu einem »zivilen Staat«, spricht aber gleichzeitig gern von einem islamischen Bezugsrahmen und vertritt eine sozialkonservative Agenda. Für beide Lager ist es wichtig, Unterstützung aus der Anhängerschaft des alten Regimes, aus der Bürokratie, aus der Unternehmerschaft und aus den großen Familien zu gewinnen, die vor allem auf dem Land Einfluss ausüben.

Faktisch haben viele der Liberalen ihren Frieden mit der Verfassungsbestimmung über die Sharia als Hauptquelle der Gesetzgebung gemacht, wenn auch teilweise aus opportunistischen Gründen. Dies wird dadurch erleichtert, dass in Ägypten ein moderat-traditioneller Islam vorherrscht, wie er an der wichtigsten theologischen Einrichtung des Landes, der Azhar-Universität, gelehrt wird. Im Gegensatz zu salafitischen Gruppen oder dem saudischen Wahhabismus sieht man hier in der Sharia eher allgemeine moralische Leitlinien, die außer im Ehe-, Scheidungs- und Erbrecht wenig determinieren. Tatsächlich hat die Bestimmung über die Sharia auch in der Vergangenheit weder Alkoholverkauf noch Bankzinsen verhindert, und von Körperstrafen, wie sie in Saudi-Arabien oder Pakistan angewandt werden, wollen mit Ausnahme einiger Salafiten auch Ägyptens Islamisten nichts wissen.

Die Debatten und Auseinandersetzungen über den politischen Kalender, also die Reihenfolge von Parlaments- und Präsidentschaftswahlen und die Wahl einer verfassunggebenden Versammlung waren teilweise ebenfalls taktischer und sehr viel seltener demokratietheoretischer Natur. Es gab gute Gründe etwa für die Forderung liberaler Kräfte, vor den Parlaments- und Präsidentschaftswahlen zunächst eine Verfassung oder zumindest einige grundlegende, unabänderliche Verfassungsprinzipien ausarbeiten zu lassen oder die Parlamentswahlen nicht schon wie ursprünglich geplant im September abzuhalten. Letztlich aber bestimmte die Haltung von Parteien und Gruppierungen sich wesentlich danach, welche Chance sie sich unter dem einen oder anderen Format ausrechneten. So traten viele Liberale für spätere Parlamentswahlen ein, weil sie Zeit für den Aufbau neuer Parteien und landesweiter Parteistrukturen brauchten. Und sie wollten grundlegende Verfassungsbestimmungen verankern und damit Vorsorge treffen, dass eine Aushebelung demokratischer Grundsätze durch eine zwar demokratisch gewählte, aber nicht unbedingt demokratisch gesinnte Parlamentsmehrheit unmöglich ist. Die Muslimbruderschaft und andere eher konservative Kräfte, die darauf rechneten, die fortbestehenden Patronagenetzwerke auf dem Land nutzen zu können, drängten dagegen auf rasche Parlamentswahlen: Sie fühlten sich besser vorbereitet, und sie waren es auch. Mit der Verschiebung der Wahlen um wenige Wochen – auf November 2011 – verordnete der Militärrat gewissermaßen einen Kompromiss. So sehr die neuen Parteien Zeit brauchten, sich zu organisieren, so sehr mussten auch sie daran interessiert sein, rasch legitime, gewählte Institutionen zu etablieren und die revolutionäre Übergangsphase mit ihrem fragilen Gleichgewicht von Militär und Tahrir-Platz zu beenden.

Die Muslimbruderschaft (zu der auch Frauen mit einer eigenen Muslimschwesternschaft gehören) versteht sich selbst nicht als Partei, sondern eher als religiös-soziale Bewegung. Nach der Revolution bildete sie gleichwohl weitgehend aus ihren Reihen heraus die »Freiheits- und Gerechtigkeitspartei« (FJP)[35] – formal eigenständig, faktisch aber eng am Gängelband der Bruderschaft und ihres Führungsrats, der deutlich machte, dass diese Partei die einzige sei, in der Mitglieder der Bruderschaft sich betätigen dürfen. Zum Erstaunen vieler stellte die Partei eher Hardliner aus der Bruderschaft an ihre Spitze. Sie präsentiert sich konservativ, tritt explizit für die Sharia als Hauptquelle der Gesetzgebung ein, bekennt sich gleichzeitig zu einem zivilen, demokratischen Staat und unterstreicht, dass für sie ein demokratisches System die zeitgemäße Umsetzung von Sharia-Prinzipien darstellt. Die »Freiheits- und Gerechtigkeitspartei« schließt in ihrem Programm, anders als die Muslimbruderschaft noch vor einigen Jahren, die Möglichkeit, dass ein Kopte oder eine Frau an der Spitze des Staates steht, nicht aus, und sie hat sich sogar einen bekannten Christen in den Vorstand geholt. Liberale haben gleichwohl Zweifel daran, dass die Muslimbrüder Frauen und Christen tatsächlich als gleichberechtigte Bürger akzeptieren. Und sie glauben auch nicht, dass die demokratischen Überzeugungen der Muslimbrüder sehr tief verankert sind. Manche sehen die Bruderschaft schon als eine Art Erbin der NDP, als eine Partei, die sich mit dem Militär und den alten Eliten verbündet und autoritäre Tendenzen im Umgang etwa mit kritischen Journalisten oder mit innerparteilichen Kritikern nicht immer vermeiden kann. Demokratische Verfahren und Überzeugungen, muss man hier einschieben, sind allerdings auch bei anderen alten und neuen politischen Akteuren nicht immer fest verwurzelt.

Vieles spricht dafür, dass die Muslimbrüder und ihre Partei im neuen Ägypten und wohl auch im ägyptischen Parlament zunächst die größte einzelne politische Kraft bilden werden. Noch ist allerdings unklar, wie stark die Gruppierung wirklich ist und bleiben wird: Es trifft zu, dass die Bruderschaft, die ihre Strukturen über Jahrzehnte auch in der Illegalität oder Halblegalität aufrechterhalten hat, in Zeiten des alten Regimes die stärkste organisierte Oppositionskraft war und heute sicher mehr Mitglieder hat als alle anderen Parteien zusammen. Allerdings muss sie sich jetzt erstmals ernsthafter Konkurrenz stellen. Sie muss politikfähig werden, und sie wird, wenn sie Regierungsverantwortung übernimmt, an ihren Leistungen gemessen werden.

Konkurrenz beginnt dabei im eigenen Haus. Im autoritären System Mubaraks wurde die Bruderschaft zusammengeschweißt. Doch mit der Pluralisierung des politischen Lebens pluralisiert sich auch das politisch-islamische Lager. Die größte Gefahr für die Muslimbruderschaft dürfte dabei sein, die Jugend und den Anschluss an die Themen der jungen Generation zu verlieren. Wenn man die altersmäßige Zusammensetzung der Führung der Muslimbruderschaft und ihrer Partei betrachtet, wirkt diese eher wie eine Zwillingsausgabe von Mubaraks Regimepartei. Viele führende Mitglieder der Muslimbruderschaft und ihrer »Freiheits- und Gerechtigkeitspartei« sind persönlich sehr ehrenwerte, prinzipienfeste Menschen, die unter dem alten Regime gelitten, oft im Gefängnis gesessen haben. Aber sie sind durch dieselben historischen Ereignisse und Entwicklungen sozialisiert worden wie die Funktionäre und Führer der NDP, eher also aufgewachsen mit der Frage von Krieg und Frieden mit Israel als mit der Frage, wie Ägypten sich in einer globalisierten und vernetzten Welt positionieren soll.

Wie von vielen erwartet, lösten der Sturz des alten Systems und die Öffnung des politischen Raums bei der Muslimbruderschaft nicht nur Richtungsdebatten, sondern auch Spaltungsprozesse aus. Es war interessant, dass in der »Koalition der Revolutionsjugend« auch immer Vertreter aus der Jugend der Muslimbruderschaft auftauchten. Diese wurden von anderen Gruppen der »Koalition« durchaus als solche akzeptiert. Die offiziellen Sprecher der Bruderschaft bestanden dagegen strikt darauf, dass es eine solche Jugendorganisation gar nicht gebe und hier junge Leute, die allenfalls den Muslimbrüdern angehören, ihrem Ego frönten und leider darauf verzichteten, die Weisungen des Führungsrats einzuholen. Letztlich zeigte dies nur, dass der Generationenkonflikt auch in der Bruderschaft brodelt. Einige der jungen Vertreter, die eine aktive Rolle in der Jugendbewegung gespielt hatten, gründeten im Juni eine eigene Partei, die sich in erster Linie mit Ägypten und nicht vorwiegend mit dem Islam identifiziert: *hizb al-tayyar al-masry* (»Partei des ägyptischen Trends«). Die Sharia wird nicht mehr erwähnt, wohl die arabische und islamische Zivilisation des Landes. Die neue Partei war nicht die erste und dürfte kaum die letzte post-revolutionäre Abspaltung von der Bruderschaft sein.

»Wir werden nicht alle Mitglieder zusammenhalten können«, sagt auch Jamal Himdan, ein gerade mal 30-jähriger Funktionär der Bruderschaft, der darauf besteht, dass er nur deshalb mit mir redet, weil er dazu ein klares Mandat des Führungsrates habe. Noch habe man etwa eine halbe Million einfacher Mitglieder und Unterstützer, von denen werde man wohl den größeren Teil verlieren. Denn noch finde man in der Gruppierung alles: von Extremisten, die »nah dabei sind, Gewalt zu legitimieren« – mit denen will er und soll die Bruderschaft zukünftig nichts zu tun haben –, und »Liberalen, die nur lose islamisch« seien. Die mag er auch nicht.

Himdan ist gelernter Ingenieur wie so viele politische Aktivisten hier, hat in Großbritannien studiert und sich in Betriebswirtschaft und Informationstechnologie weitergebildet. Politik beschreibt er großenteils in der Sprache von Unternehmensberatern mit Vokabeln wie »process flow«, »stakeholder« und »CSR«. Und tatsächlich soll er im Auftrag der Bruderschaft deren Strukturen modernisieren. Zunächst habe man mal das Organigramm ins Internet gestellt, sagt er. Für manche Mitglieder der alten Führung, die gelernt haben, sich allenfalls heimlich zu versammeln, ist das schon eine Provokation.

Reform heißt für die Muslimbruderschaft auch, sich auf die mögliche Übernahme von Regierungsverantwortung einzustellen. Man will das durchaus, aber man wisse, so Himdan, dass man »derzeit keine Antworten auf die meisten Fragen« habe, mit denen eine Regierung sich beschäftigen muss: »Tourismus beispielsweise. Die Sharia gibt darauf keine Antwort.« Oder der Umgang mit dem internationalen Finanzsystem. Da müsse man letztlich, wie jede andere Regierung, die bekannten Experten heranziehen. Religionsgelehrte gehörten in wichtigen Fragen allerdings ebenfalls zu den »stakeholdern«.

Als Teil einer Regierung dürften die Muslimbrüder sich nach Auffassung selbst vieler ihrer politischen Gegner im Allgemeinen pragmatisch verhalten oder auch opportunistisch, und zwar nicht nur, weil man die eigenen Defizite kennt und vorhandene technokratische Expertise nutzen wird – man möchte schließlich, wenn man denn mitregiert, nicht gleich versagen –, sondern auch weil man vorsichtig ist, das Misstrauen der anderen politischen Kräfte und des Auslands kennt. Man will deshalb politisch nicht überziehen, sich vor allem nicht mit dem Militär anlegen, das sich – wie immer die Verfassungsdebatten ausgehen mögen – als Hüter der nationalen Interessen betrachtet. Vertreter der Muslimbruderschaft und ihrer Partei betonen deshalb immer wieder, dass Ägypten den Friedensvertrag mit Israel aufrechterhalten wird, auch wenn sie an die Macht kommen. Sie haben auch erklärt, mit anderen, schlechter organsierten Parteien gemeinsame Wahllisten bilden zu wollen, selbst nur für die Hälfte der verfügbaren Parlamentssitze anzutreten, in jedem Fall eine Koalitionsregierung eingehen zu wollen und keinen eigenen Präsidentschaftskandidaten ins Rennen zu schicken. Letzteres vor allem ist geschickt, nimmt man anderen Gruppen und möglicherweise auch ausländischen Partnern damit doch die Furcht, dass im zukünftigen Ägypten womöglich Legislative und Exekutive »islamisch« dominiert sein könnten, und stellt gleichzeitig sicher, dass aussichtsreiche Präsidentschaftskandidaten sich um die Unterstützung der Bruderschaft bemühen werden.

Bei liberalen Kräften ist durchaus die Hoffnung verbreitet, dass die Muslimbruderschaft oder eine ihrer Abspaltungen sich zu einer modernen, konservativ-demokratischen Partei entwickeln könnte. »Wir brauchen einen Erdogan«, sagt Naguib Sawiris, der erzliberale christliche Unternehmer, der selbst mithilfe seines Vermögens eine schlagkräftige Partei aus dem Boden gestampft hat: *al-Misriyun al-ahrar* (»Die freien Ägypter«). Nur sehe man einen solchen in der Muslimbruderschaft gerade noch nicht. Unter den Liberalen war umstritten, ob und wie weit man sich auf eine Listenverbindung mit der Partei der Muslimbrüder einlassen oder besser die liberalen Kräfte bündeln und gemeinsam positionieren solle. Das Spektrum reicht hier von Rechtsliberalen wie dem reichen Unternehmer Sawiris und seinen »Freien Ägyptern« über den charismatischen jungen linksliberalen Politikwissenschaftler Amr Hamzawy mit seiner Partei *Misr al-hurriya* (»Freiheit Ägypten«) bis zu einer neuen sozialdemokratischen Partei – mit zahlreichen Gruppen dazwischen, die sich häufig an Einzelpersonen orientieren. Inhaltliche Unterschiede, aber auch persönliche Eitelkeiten der Führungsfiguren erschwerten ein gemeinsames Vorgehen. Die meisten liberalen Gruppen haben überdies anders als die Muslimbruderschaft ihr Mobilisierungspotential noch nie getestet; viele überschätzen ihre Kraft deshalb. Im Ergebnis bildete nur ein Teil des liberalen Lagers ein ernst zu nehmendes Bündnis.

Auch wenn nach Auffassung der meisten ägyptischen Beobachter die Muslimbruderschaft und ihre Ableger die ägyptische Politik nicht beherrschen werden, so sind sie aus dieser Politik doch nicht mehr wegzudenken. Vorstellbar ist, dass zukünftig ein »liberaler« Präsident wie Amr Musa oder Muhammad ElBaradei mit einer Regierung zusammenarbeiten wird, in der die Muslimbruderschaft eine wichtige Rolle spielt. In jedem Fall könnte Ägypten gleichzeitig demokratischer und konservativer werden: Dies sei nun einmal, so der Politikwissenschaftler Gamal Abd al-Gawad, ein konservatives Land mit starken islamischen Traditionen. Deshalb sei es so wichtig, sich auf Verfassungsprinzipien und Spielregeln zu verständigen, die einen Missbrauch von Mehrheiten verhindern.

Vielleicht ist es letztlich tatsächlich nicht so wichtig, welcher Präsident in Ägypten mit welcher Parlamentsmehrheit regiert, wenn zum einen Konsens besteht, dass eine Rückkehr zu autokratischen Verhältnissen und zu Präsidentschaften quasi auf Lebenszeit nicht akzeptabel ist, zum anderen das Militär und die politischen Parteien, einschließlich der Muslimbrüder, wissen oder vermuten, dass die Bevölkerung immer wieder bereit sein wird, auf die Straße zu gehen, wenn eine Regierung ihre grundlegenden Rechte und Bedürfnisse missachtet.

Libyen
Das blutige Ende der Jamahiriya

Am 15. Januar, einen Tag nachdem Tunesiens Präsident Zein al-Abidin Ben Ali sein Land verlassen hatte, wandte sich Muammar al-Qadhafi, der »Revolutionsführer« des Nachbarlands Libyen, in einer Fernsehansprache an das tunesische Volk. »Zein ist der Beste«, erklärte Qadhafi den Tunesiern, besser als jeder andere geeignet, Tunesien zu regieren. Ihn schmerze, was die Tunesier ihrem Präsidenten angetan hatten. Hier werde nur ein Präsident durch einen anderen ausgetauscht, und das sei sinnlos. Wenn die Tunesier wirklich Veränderung wollten, sollten sie ihr Land zu einer *Jamahiriya*, einem Staat nach libyschem Modell, umwandeln.

Es dauerte noch einen Monat, bis die von Tunis ausgehende politische Druckwelle auch Libyen erfasste und ein großer Teil der libyschen Bevölkerung sich gegen Qadhafis Staatsmodell auflehnte. Anders als in Tunesien und Ägypten arteten hier die Proteste fast unmittelbar in bewaffnete Auseinandersetzungen zwischen Aufständischen und den Truppen des Regimes aus. In kürzester Zeit befand Libyen sich im Bürgerkrieg, bald darauf in einem Bürgerkrieg mit entscheidender internationaler Beteiligung.

Die rasche, blutige Eskalation ist das vielleicht deutlichste Zeichen für das Scheitern eines Regimes, das viele ausländische Beobachter einfach deshalb für stabil hielten, weil es schon so lange unter der Herrschaft eines Mannes stand. Schließlich war Muammar al-Qadhafi, der sich 1969 mit einigen Kameraden an die Macht geputscht hatte, mittlerweile zum weltweit dienstältesten Staatsführer geworden. Qadhafi errichtete zunächst ein am nasseristischen Ägypten orientiertes autoritäres republikanisches Regime, das er dann nach seinen eigenen Vorstellungen gestaltete und wiederholt umgestaltete. Libyen, das erst 1951 mit der Unabhängigkeit zu einer territorialpolitischen Einheit geworden war und keine Tradition als gemeinsamer Staat hatte, wurde auch unter Qadhafi nicht zu einem innerlich gefestigten Nationalstaat. Die vermeintliche Stabilität verdankt sich eher der Permanenz des selbst ernannten Revolutionsführers, der das Land gleichzeitig in permanenter Unruhe hielt.

Die politische Geschichte Libyens unter Qadhafi war durch ideologische Wechselbäder, chaotische politische Prozesse und erratische Verhalten des »Revolutionsführers« gegenüber der regionalen und internationalen Umgebung geprägt. Qadhafis Herrschaftsausübung war immer repressiv, stützte sich aber auch auf weitreichende Patronage. Libyen verfügt über mehr als drei Prozent der Welterdölreserven und rangiert beim Pro-Kopf-Einkommen im oberen Feld der arabischen Staaten. Investitionen in den öffentlichen Gesundheitssektor und das Bildungswesen trugen Früchte; die Lebenserwartung in Libyen ist heute höher, der Anteil an Analphabeten niedriger als in den Nachbarstaaten. Gleichzeitig sind die Generationen der heute unter 40-Jährigen durch Jahre der politisch-kulturellen Selbstisolierung geprägt – und geschädigt. Von 1986 bis Mitte der neunziger Jahre verbot das Regime beispielsweise den Englischunterricht. Und obwohl das formale Bildungsniveau höher ist als in Ägypten, Marokko und selbst Tunesien lag der Anteil der Internetnutzer an der Bevölkerung – 5,5 Prozent im Jahre 2010 – deutlich unter dem in anderen arabischen Ländern. Jugendliche in Libyen klagten über die gleichen Phänomene wie ihre Altersgenossen in Tunesien oder Marokko: Arbeits- und Perspektivlosigkeit, Zynismus und Korruption der Mächtigen. Und trotz des Ölreichtums entstand in Libyen eben nicht die Prosperität der Fürstentümer am Persischen Golf, an deren Entwicklungsniveau viele Libyer ihren Staat messen. Ein großer

Teil der Infrastruktur zeigt Vernachlässigung und Verfall. Extrem schlechte Regierungsführung, Misswirtschaft und Verschwendung und eine insgesamt unklare, ebenfalls erratische Wirtschaftspolitik haben dazu beigetragen, dass die Entwicklung des Landes unter seinen Möglichkeiten blieb. Qadhafi hat lange versucht, eine Art sozialistischen Wohlfahrtsstaat zu errichten, der die Bürger in vielfacher Hinsicht subventionierte und damit auch abhängig hielt. Die Privatwirtschaft blieb über Jahrzehnte weitgehend ausgeschaltet. Von 2004 an, nach der Aufhebung internationaler Sanktionen gegen Libyen, unternahm die Regierung zwar Schritte zur weitreichenden wirtschaftlichen Liberalisierung, doch ausufernde Korruption, Privatisierungsmaßnahmen, die vor allem dem engen Umfeld Qadhafis zugute kamen, und nicht zuletzt mangelnde Rechtssicherheit setzten dem Vertrauen libyscher Geschäftsleute und internationaler Investoren Grenzen.

Libyens staatliche und politische Strukturen sind den Einfällen Qadhafis entsprechend immer wieder umgebaut worden. 1977 ließ er den Staat zur *Jamahiriya* (etwa »Staat der Massen«) erklären. Die ideologischen Grundlage dafür hatte er in seinem »Grünen Buch« gelegt: Parteien sind in diesem Staat nicht erlaubt; Repräsentation wird abgelehnt; das Volk soll die Macht direkt ausüben. Faktisch ist die vorgeblich direkte Herrschaft des Volkes über Basiskomitees, an denen sich alle Bürger beteiligen sollen, eine Farce. Niemandem konnte verborgen bleiben, dass in diesem Land nur einer herrschte: der Revolutionsführer oder »Bruder Führer« Qadhafi. Es gibt keine Verfassung, und die vorhandenen Institutionen werden immer wieder unterminiert. So ließ Qadhafi zwischenzeitlich die meisten Ministerien abschaffen, ordnete ein anderes Mal an, alle Gefängnisse zu schließen, oder forderte die Bürger auf, Recht und Gesetz in die eigene Hand zu nehmen. Die Gesetzeslage und die bürokratischen Zuständigkeiten sind oft unklar. All dies hielt das Land in einem Zustand der »permanenten Verunsicherung«.[36] Der Verzicht auf eine Verfassung und auf solide staatliche Institutionen stärkte den personalistischen Charakter der Herrschaft Qadhafis, der selbst kein offizielles Amt hat: Er ist weder Präsident noch Regierungschef. Da er kein Amt hat, gibt es auch keine Regelung für die Nachfolge des »Führers der Revolution«.[37]

Bei aller Unruhe, in der das Regime Staat und Gesellschaft hielt, blieb die traditionelle Stammesstruktur des Landes die fast einzig verlässliche soziale Institution. Stämme dienen als soziale Netzwerke und geben ihren Mitgliedern eine gewisse Sicherheit. Qadhafi stützte sich gerade im Sicherheitsbereich auf Angehörige aus der eigenen Familie und dem eigenen kleinen Stamm der Qadhadfa sowie einiger verbündeter Stämme, band aber auch die Führer anderer Stämme ein, indem er ihnen Ämter, Geld oder Jobs für ihre Klientel zuteilte. Gleichzeitig wurde den Stämmen kollektive Bestrafung angedroht, wenn Stammesangehörige sich dem Regime widersetzten. Die Bedeutung solcher Bindungen wurde nach dem Ausbruch der Revolte im Frühjahr 2011 noch akzentuiert, als die politische und militärische Elite vor allem nach ihrer tribalen und regionalen Herkunft zu zerfallen schien.

Der Qadhafi-Clan

Nicht zuletzt die Familie Qadhafis rückte immer mehr zusammen. Die meisten Söhne des Revolutionsführers übernahmen nach und nach wichtige Funktionen. Saif-al-Islam al-Qadhafi, der als potentieller Nachfolger seines Vaters galt, vermochte sich dabei das Image eines Reformers zu geben.

Er übte wie der Vater keine offiziellen Ämter aus, sondern agierte über seine eigene Qadhafi-Stiftung, die allerdings unlimitierten Zugriff auf staatliche Ressourcen zu haben schien. Er scharte eine Reihe von Modernisierern um sich, brachte diese zum Teil in Regierungsämter und nährte mit wiederholter Kritik an mangelnder Rechtssicherheit oder mit Forderungen nach einer weiteren Öffnung des Landes die Hoffnung, dass das Regime von innen reformierbar sei. Andere Söhne wie Muatassem und Khamis leiteten Elite-einheiten der Streitkräfte und galten als Hardliner: Der allgemeine Eindruck war, dass der Vater die Söhne auch gegeneinander ausspiele. Mit Beginn der Auseinandersetzungen zeigte sich, wie unwichtig die unterschiedlichen Vorstellungen über die Zukunft Libyens, die verschiedene Mitglieder der Familie durchaus haben mochten, in dem Moment wurden, als das Regime als solches unter Druck geriet.

Saif al-Islam war auch international als offener, veränderungswilliger Vertreter seines Landes aufgetreten und hatte einigen Anteil daran, dass das Land Mitte des vergangenen Jahrzehnts aus der internationalen Isolation herausfand, in die sein Vater es manövriert hatte. Qadhafis Politik gegenüber seiner regionalen und internationalen Umwelt war immer hyperaktiv, oft aggressiv und meist unberechenbar. Der Ölreichtum Libyens machte ihn gleichwohl zu einem international begehrten Partner. Er sah sich abwechselnd als Führer der arabischen Welt oder Afrikas, ließ sich 2008 von einer Versammlung traditioneller afrikanischer Herrscher, die er nach Benghazi einlud, sogar zum König der Könige Afrikas erklären und nutzte diesen Titel fortan gern und zur Konsternation anderer Staatschefs. Unter seinen arabischen Kollegen galt er bestenfalls als Problemfall, den man irgendwie einhegen musste. International hat er lange Zeit alle möglichen Rebellen, Befreiungs- und Terrororganisationen unterstützt.

In den achtziger Jahren ließ er auch seine eigenen Dienste terroristische Akte verüben. Nach Anschlägen auf eine Berliner Diskothek im Jahre 1986, auf ein amerikanisches Passagierflugzeug, das 1988 über dem schottischen Lockerbie, und ein französisches, das ein Jahr später über der Sahara explodierte, wurden zunächst amerikanische, dann auch europäische und internationale Sanktionen gegen Libyen verhängt. Das Land war für mehr als ein Jahrzehnt weitgehend isoliert, internationale Flugverbindungen und Investitionen in Libyens Ölindustrie wurden untersagt, nur Ölexporte blieben erlaubt.

2003 vollzog Qadhafi sichtbar eine außenpolitische Wende. Libyen lieferte den USA Bauteile und Pläne zur Herstellung von Atomwaffen und Raketen aus, übernahm die Verantwortung für Lockerbie, vereinbarte Entschädigungen für die Opfer der Flugzeuganschläge und ließ später auch internationale Inspektoren sein Chemiewaffenprogramm abbauen. Die USA, die Vereinten Nationen und die EU hoben daraufhin ihre Sanktionen auf. Für Qadhafi und sein Umfeld dürfte es wirtschaftliche und sicherheitspolitische Gründe gegeben haben, sich in dieser Weise dem Willen der USA und des Westens zu beugen. Zweifellos war es wichtig, aus der internationalen Isolation herauszukommen, die die Wirtschaft zunehmend schädigte und vor allem eine Modernisierung des wichtigen Ölsektors verhinderte. Mehr noch aber dürfte die amerikanische Irak-Invasion Qadhafi überzeugt haben, dass es besser und sicherer sei, gute Beziehungen zu den USA herzustellen und zumindest indirekte Garantien gegen amerikanische Regime-Change-Versuche zu erhalten, als an eigenen Massenvernichtungswaffenprogrammen festzuhalten.[38]

Der außenpolitische Kurswechsel diente also wesentlich dem Erhalt des Systems Qadhafi. Er ging mit einer wirtschaftspolitischen Öffnung einher, brachte die internationalen

Ölgesellschaften zurück ins Land, wurde aber nicht von politischen Liberalisierungs- oder gar Demokratisierungsschritten begleitet. Das Regime blieb so repressiv wie in den Jahrzehnten zuvor. Eine legale, organisierte Opposition wurde nicht zugelassen. Eine staatsunabhängige Zivilgesellschaft konnte so nicht entstehen. Wer daraus den Schluss zog, dass das Regime keine Gegner und Feinde mehr hatte, täuschte sich allerdings. Vor allem Anwälte, Journalisten und Wissenschaftler äußerten gelegentlich hörbare Kritik an den politischen Verhältnissen. Illegale Gruppen, militante genauso wie gewaltlose, waren massiver Verfolgung ausgesetzt, hielten aber Strukturen aufrecht. Und es gab ein untergründiges Brodeln, das sich oft in schlichter Verweigerung und Desinteresse an den offiziellen Institutionen oder in Krawallen ausdrückte.

Gegnerschaft zum Regime kam vor allem in Benghazi und im Osten des Landes zum Ausdruck, der sich zu Recht oder zu Unrecht als marginalisiert betrachtete. Die organisierte Opposition hatte dabei meist einen islamischen Charakter. Dazu gehörte in erster Linie die Muslimbruderschaft. Diese war im eng mit Ägypten verbundenen Osten traditionell stark vertreten. Trotz der langen Inhaftierung fast ihrer gesamten Führungsriege und strenger Überwachung dürfte die Bruderschaft auch hier die stärkste und gesellschaftlich einflussreichste Gruppe außerhalb der Regimestrukturen geblieben sein. Zum islamischen Spektrum gehörten aber auch militante jihadistische Gruppen. Mitte der neunziger Jahre kam es zu längeren bewaffneten Auseinandersetzungen zwischen Sicherheitskräften und einer »Kämpfenden Islamischen Gruppe in Libyen«, die sich überwiegend aus Afghanistanveteranen rekrutierte, die in den achtziger Jahren am Hindukusch gegen die sowjetischen Truppen gekämpft hatten. Einige ihrer Mitglieder wechselten später zu al-Qaida, der es in den Jahren nach 2003 gelang, in den Städten des

Ostens eine nicht geringe Zahl von Freiwilligen für den Einsatz im Irak anzuwerben. Sowohl die Muslimbruderschaft wie auch die Reste der »Kämpfenden Islamischen Gruppe«, die sich mittlerweile vom terroristischen Jihadismus losgesagt hatte, schlossen sich 2011 dem Aufstand gegen Qadhafi an.[39] Aber sie hatten ihn, wie ihre Gesinnungsgenossen in anderen Ländern, nicht losgetreten.

Gasse für Gasse

Nach dem Sturz des ägyptischen Präsidenten Husni Mubarak riefen auch in Libyen einige jüngere Aktivisten über das Internet zu Demonstrationen auf und erklärten den folgenden Freitag, den 17. Februar, zum »Tag des Zorns«. Zum Auslöser des Aufstands wurde jedoch ein anderes Ereignis: die Festnahme eines jungen Anwalts aus Benghazi, Fathi Terbil, der die Familien von Angehörigen jener mehr als tausend politischen Gefangenen vertrat, die Jahre zuvor bei der Niederschlagung einer Gefängnismeuterei in Benghazi massakriert worden waren.

Ganz genau wird der Ablauf des Geschehens sich möglicherweise nie rekonstruieren lassen.[40] Das liegt schon daran, dass Revolutionen sich immer ihre eigenen Legenden schaffen, die selten geschichtsgenau sind. Sicher aber scheint zu sein, dass es nur irgendeines Auslösers bedurfte, um die Lage in Libyen zur Explosion zu bringen. Der ersten Demonstration in Benghazi folgten weitere in anderen Städten des Ostens. Die lokalen Sicherheitskräfte zerfielen recht schnell: Sie verweigerten entweder den Dienst und stellten sich aufseiten der Proteste oder reagierten mit äußerster Brutalität. Innerhalb weniger Tage starben Dutzende; das Regime ließ gezielt auf Demonstranten schießen und setzte

Panzer in Bewegung. Bereits am zweiten Tag hatten Regime-gegner in Brega ein Waffendepot der Armee in ihre Gewalt gebracht; in kurzer Zeit standen mehre Städte unter Kontrolle dieser Rebellen.

Am fünften Tag warnte Saif al-Islam in einer Fernseh-botschaft vor einem Bürgerkrieg – und erklärte ihn damit faktisch. Sein Vater hielt zwei Tage später eine lange, vom Fernsehen übertragene Rede, eine typische Qadhafi-Anspra-che – weitgehend improvisiert, stellenweise zusammenhang-los, selbstverliebt und voller Selbstüberschätzung, vor allem aber zornig und mit einer klaren Botschaft: Die Aufständi-schen seien Kakerlaken, man werde die Armee einsetzen, die chinesische Regierung habe schließlich einst auf dem Tia-nanmen-Platz Ähnliches getan. Man werde mit dem Vor-marsch beginnen und Benghazi reinigen, »*zenga zenga, dar dar*« – Gasse für Gasse, Haus für Haus.[41]

Mittlerweile gab es auch Anti-Regime-Demonstrationen in der Hauptstadt und in anderen Städten des Westens. Das Regime mobilisierte daraufhin seine Anhänger, ließ auf Demonstranten in Tripolis schießen und stellte dort recht schnell die Kontrolle wieder her. Mehrere Minister und zahl-reiche libysche Diplomaten im Ausland traten zurück und erklärten, sich der Revolution anzuschließen. Ausländische Staaten begannen ihre Angehörigen zu evakuieren. In fast allen bewohnten Gegenden des Landes wurde gekämpft mit nahezu allem, was die Kriegsparteien an Waffen zur Ver-fügung hatten. Das Regime war dabei eindeutig im Vorteil, setzte zudem seine Luftwaffe ein und ließ Raffinerien und Waffendepots in den von den Rebellen kontrollierten Gebie-ten bombardieren. Aus dem Aufstand war ein voll entbrann-ter Bürgerkrieg geworden.

Nicht nur die Brutalität, mit der Qadhafis Truppen vor-gingen, sondern auch der allgemeine Stimmungswechsel in der arabischen Welt nach den erfolgreichen Revolutionen in Tunesien und Ägypten machten den Bürgerkrieg in Libyen schnell zu einem arabischen, bald darauf internationalen Thema. Bereits am 22. Februar, zwei Tage nach der Qadhafi-Rede, suspendierte die Arabische Liga bis auf Weiteres Libyen von ihren Sitzungen. Vor Ort gingen die regimetreuen Truppen zum Gegenangriff über, gewannen mit Ausnahme der Industriestadt Misrata wieder eine weitgehende Kontrolle über den Westen des Landes und bereiteten sich auf eine Rückeroberung von Verkehrsknotenpunkten und Städten im Osten vor. Dort, in Benghazi, bildete sich Anfang März ein Nationaler Übergangsrat (Transitional National Council). Zu seinen Mitgliedern gehörten lokale Notabeln, Rückkehrer aus dem Exil und ehemalige Funktionsträger des Regimes, die sich auf die Seite der Rebellen gestellt hatten. Die meisten, wie etwa der Vorsitzende des Übergangsrats und ehemalige Justizminister Mustafa Abd al-Jalil, hatten zuvor zum Umfeld Saif al-Islams gehört und sich im Land den Ruf erworben, sauber und aufrecht zu sein. Am 12. März, als die Rebellen unter den Angriffen der Regimetruppen immer stärker in die Defensive gerieten, beschloss die Arabische Liga – gegen die Stimmen lediglich Syriens und Algeriens – vom Sicherheitsrat der Vereinten Nationen die Einrichtung einer Flugverbotszone über Libyen zu verlangen, um die Zivilbevölkerung vor Luftangriffen zu schützen. Dies war zweifellos ein historisches Ereignis, richtete sich doch die Regionalorganisation der arabischen Staaten, die immer eine Organisation der Führungen dieser Staaten war, mit der Bitte an die internationale Gemeinschaft, militärisch gegen ein Mitgliedsland vorzugehen, um dessen Bürger gegen das herrschende Regime zu schützen. Bis dahin waren nach Schätzungen der Weltgesundheitsorganisation schon etwa 2000 Menschen ums Leben gekommen. Fünf

Tage später kam der Sicherheitsrat der Aufforderung der Arabischen Liga nach. Resolution 1973 verlangte einen unmittelbaren Waffenstillstand, autorisierte die Mitgliedsstaaten, »alle notwendigen Maßnahmen« zu ergreifen, um die Zivilbevölkerung in Libyen zu schützen, verhängte dazu ein Flugverbot (mit Ausnahme von humanitären Flügen und Flügen zur Durchsetzung der verordneten Zwangsmaßnahmen) sowie ein Waffenembargo und forderte alle Regierungen auf, die Konten der libyschen Regierung einzufrieren. Eine Besetzung libyschen Territoriums wurde ausdrücklich ausgeschlossen. Zwei Tage lang flogen die USA, Frankreich und Großbritannien erste Luftangriffe; eine Woche später übernahm die NATO das Kommando über die Operation, der sich auch Nicht-Mitglieder des Bündnisses, darunter mit Katar und den Vereinigten Arabischen Emiraten zwei arabische Staaten, anschlossen. Aus der innerlibyschen Auseinandersetzung war ein internationalisierter Bürgerkrieg geworden.[42]

Angesichts der Kräfteverhältnisse und der politisch-sozialen Strukturen Libyens war klar, dass dieser Krieg nicht in wenigen Tagen entschieden sein, sondern vorübergehend zu einer Teilung des Landes führen würde. Die NATO-geführte Koalition konnte relativ schnell und effektiv eine Flugverbotszone einrichten, den Vormarsch regimeloyaler Truppen stoppen und damit tatsächlich die Zivilbevölkerung in den von den Rebellen gehaltenen Gebieten schützen. Das Mandat des Sicherheitsrats war damit faktisch erfüllt, der Krieg aber nicht entschieden. Die Rebellen selbst waren überwiegend lokal organisiert und vertraten auch vielfach lokale Interessen: Ihre Truppen bestanden anfänglich überwiegend aus militärisch unerfahrenen Bürgern, die bereit waren, ihre eigene Stadt zu verteidigen, aber kaum imstande noch unbedingt daran interessiert, andere Landesteile zu erobern. Die Rebellenarmee war zu schwach, um den Krieg in kürzester Zeit aus eigener Kraft zu gewinnen. Es war deshalb nicht erstaunlich, dass Qadhafi einen Teil des Landes unter Kontrolle halten und weitere Aufstandsversuche niederschlagen konnte, solange er noch über genügend Waffen und Ausrüstung verfügte und seine Truppen bezahlen konnte. Ohne die Luftschläge der NATO und die Ausbildungs- und Ausrüstungshilfe einzelner arabischer und NATO-Staaten für die Rebellen wäre der Fall Qadhafis zweifellos sehr viel länger hinausgezögert worden.

Die NATO hätte sich theoretisch darauf beschränken können, das Flugverbot und ein militärisches Patt zwischen Qadhafi- und dem Rebellenterritorium aufrechtzuerhalten. Politisch waren die NATO und die meisten arabischen Staaten sich allerdings einig, dass dies nicht reiche, dass Qadhafi vielmehr abtreten müsse. Nur hatte der Sicherheitsrat den Staaten – wie auch NATO-Vertreter wiederholt deutlich machten – kein Mandat erteilt, selbst einen Regimewechsel in Tripolis herbeizuführen. Zudem war kaum ein NATO-Staat daran interessiert, sich mit eigenen Bodentruppen an den Kämpfen zu beteiligen.

In den arabischen Staaten sah das nicht viel anders aus. Katar und die VAE sandten zwar Flugzeuge, doch die sehr viel wichtigeren Nachbarstaaten hielten sich zurück. Tunesien war zu schwach, um sich auf eine Auseinandersetzung mit dem Nachbarn einzulassen, und beschränkte sich darauf, libysche Flüchtlinge aufzunehmen sowie humanitäre Aktionen zu unterstützen. Ägypten, das technisch über ausreichende militärische Möglichkeiten verfügte, war nach der Revolution zu sehr mit sich selbst beschäftigt, um seine Armee in einen Einsatz im Nachbarland schicken zu können oder zu wollen. Tunis, Doha und wohl auch Kairo leisteten allerdings eine relativ diskrete Waffenhilfe für die Rebellen.

Die militärische Konsequenz für die NATO hieß, die Rebellen so weit wie möglich zu unterstützen, ohne selbst am Boden aktiv zu werden. Faktisch wurde die NATO so zur Luftwaffe des Übergangsrats. Die Einsätze zielten darauf, Qadhafi, ohne ihn selbst oder seine Familie direkt ins Visier zu nehmen, durch Angriffe auf seine Truppen und auf militärische Kontroll-, Kommunikations- und Kommandoeinrichtungen so weit zu schwächen, dass ein Vormarsch der Rebellen möglich wurde. Die NATO überschritt damit zweifellos das Mandat des Sicherheitsrats, entsprach aber den Erwartungen nicht nur der Rebellen, sondern auch zahlreicher arabischer Staaten und des vermutlich überwiegenden Teils der arabischen Öffentlichkeit. Sowenig man hier den Motiven der USA oder Frankreichs traute, hoffte man doch, dass der Krieg in Libyen rasch beendet und Qadhafi irgendwie verschwinden würde. Wenn dies nur mithilfe der NATO geschehen konnte, dann – so der Tenor vieler Gesprächspartner – müsse das eben so sein. Der Erfolg rechtfertigte gerade auch für die regionalen Beobachter das Vorgehen.

Der Krieg war auch ein Krieg um die Öffentlichkeit in den Nachbarstaaten, ein Versuch ganz unterschiedlicher Akteure, Glaubwürdigkeit zu gewinnen oder wiederherzustellen. Da war letztlich die Unterstützung von *al-Jazeera* – des immer leicht islamistisch angehauchten, populären und populistischen Satellitensenders aus Katar – wichtiger als die Frage, ob Russland und China die Angriffe verurteilten.

Mehrere Vermittlungsversuche, unter anderem der Türkei, dann der Afrikanischen Union, später Russlands, scheiterten. Das lag am wenigsten daran, dass einzelne Vermittler sich ungeschickt anstellten. So sprach etwa eine Gruppe afrikanischer Staatschefs zwar in Tripolis mit Qadhafi, verzichtete aber auf einen Besuch in Benghazi. Wichtiger war, dass die Kriegsparteien kein Interesse daran hatten, einen Kompromiss zu finden. Zunächst gab es für Qadhafi, der wichtige Städte zurückerobert hatte, keinen Anlass, sich auf ernsthafte Verhandlungen einzulassen, die ihn zur Teilung oder gar zur Aufgabe der Macht zwingen würden. Der Übergangsrat und die meisten NATO-Staaten wollten sich dagegen nicht auf einen Prozess oder einen Waffenstillstand einlassen, der Qadhafi zum Verhandlungspartner über die Zukunft Libyens machen würde. Sie setzten auf einen militärischen Sieg und erreichten ihn.

Obwohl die NATO-Kampagne und der Krieg im Land sehr viel länger dauerten, als der eine oder andere Vertreter beteiligter Staaten anfangs prophezeit hatte,[43] wendete sich das Blatt im Sommer allmählich gegen Qadhafi und sein Regime. Die militärischen Geländegewinne der Rebellen spiegelten sich in der politischen Anerkennung, die der Übergangsrat weltweit erhielt. Staaten, die nicht unbedingt selbst versuchten, den Rebellen zum Sieg zu verhelfen, ließen sich in ihrer Politik gegenüber Tripolis und Benghazi schließlich weniger von Sympathien oder Emotionen, sondern von ihrer realpolitischen Einschätzung der Frage leiten, wer zukünftig in Libyen Verantwortung tragen würde. Insofern war es signifikant, dass nicht nur die USA, die EU, die Türkei und mehrere arabischer Staaten den Übergangsrat als legitime Regierung Libyens anerkannten oder zumindest Vertretungsbüros in Benghazi eröffneten, sondern dass auch die chinesische Regierung Vertreter der Rebellenregierung empfing und bereits im Juni erklären ließ, dass man den Übergangsrat als wichtigen Dialogpartner anerkenne.

Das Qadhafi-Regime endete, wie es geherrscht hatte, gewaltsam und chaotisch. Libyen erlebte, anders als Tunesien und Ägypten, keinen friedlichen Aufstand, nicht einmal wie der Jemen eine Mischung von friedlichem Protest und bewaffneten Auseinandersetzungen zwischen konkurrierenden

Vertretern der alten Elite, sondern die schnellstmögliche Eskalation zu einem Krieg, in dem wenig Rücksicht genommen wurde – auch von den Rebellen nicht. Wie in vielen Bürgerkriegen blieb unklar, wie viele Menschenleben die Auseinandersetzungen forderten. Schätzungen diverser Medien und der Vereinten Nationen nach den ersten drei Kriegsmonaten gingen von 10 000 bis 15 000 Toten aus. Ende August, nach der Einnahme von Tripolis durch die Rebellen, wurde von insgesamt bis zu 30 000 Kriegstoten gesprochen.

Versöhnung und Wiederaufbau werden schwierig sein. Es geht nach dem Sturz des Regimes hier eben nicht um die Transformation eines autoritären Staates wie in Ägypten und Tunesien und vielleicht auch in Syrien, sondern um Staatsaufbau. Eine *Jamahiriya*, die nie ein Staat des Volkes, sondern letztlich ein Qadhafi-Reich war, wird es nicht mehr geben. Die Rebellenregierung hat einen Übergangsplan vorgelegt, der Libyens Weg in eine Demokratie ebnen soll. Die Frage, ob und wie ein Staat mit so wenig nationalen Institutionen und nationaler Identität es schaffen wird, sich neu zu konstituieren, ist damit allerdings noch nicht beantwortet.

Unglückliches Arabien
Revolte, Stammeskonflikt und Staatszerfall im Jemen

Zunächst sah es für manche Beobachter so aus, als könnte im Jemen, wo unmittelbar nach dem Fall des tunesischen Präsidenten Ben Ali größere, ebenfalls von einer Jugendbewegung initiierte Proteste begannen, rasch ein politischer Prozess in Gang kommen: Immerhin versprach Präsident Ali Abdullah Salih schon zwei Wochen nach den ersten Protesten in einer Parlamentsrede, dass er keine Verlängerung seiner Amtsperiode über deren reguläres Ende im Jahre 2013 anstrebe, nicht wieder kandidieren werde und auch keine Vererbung des Amtes in der Familie plane. Die Protestbewegung war auch dadurch provoziert worden, dass die Partei des Präsidenten noch im Januar angekündigt hatte, alle konstitutionellen Restriktionen aufheben zu wollen, die einer Wiederwahl oder Amtszeitverlängerung Salihs im Weg standen. Gleichzeitig war nicht zu übersehen, dass Salih seinen Sohn Ahmad, der im Laufe der Jahre zunehmend wichtige Positionen im Sicherheitsbereich übernommen hatte, darauf vorbereitete, ihm beizeiten ins Präsidentenamt zu folgen.

Politische Verhandlungen gab es tatsächlich, allerdings nur als Teil eines höchst komplexen und blutigen Dramas. Dazu gehörte die Jugendrevolte zwar, die sich lose an den erfolgreichen Aufständen in Tunesien und Ägypten orientierte, aber auch eine effektive Gegenmobilisierung durch Salih und seine Anhängerschaft, eine intensive Involvierung externer Akteure, vor allem Saudi-Arabiens, eine Verdrängung des zivilgesellschaftlichen Protestes durch tribale und innerfamiliäre Machtkämpfe, die schließlich zu kriegsähnlichen militärischen Auseinandersetzungen führten, und ein etwas ungewöhnlicher, zunächst nur temporärer Abgang des Präsidenten.

Ali Abdullah Salih regierte seit einem von ihm geführten Militärcoup im Jahre 1978 zunächst den ehemaligen Nordjemen. 1990 brach der Südjemen – offiziell die Volksdemokratische Republik Jemen –, ein weitgehend gescheitertes Experiment zum Aufbau eines sozialistischen Staates, faktisch in sich zusammen. Die beiden Jemen vereinigten sich; Salih wurde zum Präsidenten des Gesamtstaates.

Aus der Vereinigung wurde keine gelungene Einheit. Man gab sich zwar eine demokratische Verfassung mit Parteien, regelmäßigen Wahlen und einer gewissen Machtteilung zwischen den auch innerhalb des Nordens und Südens jeweils fragmentierten Eliten. Aber schon 1994 verfiel das Land in einen kurzen, heftigen Bürgerkrieg. Der Süden fühlte sich politisch und wirtschaftlich marginalisiert. Urbane Eliten in der traditionell weltoffenen Hafenstadt Aden und anderen Städten des Südens wehrten sich auch gegen die wachsende kulturelle Dominanz des konservativeren, stärker tribal strukturierten Nordens und den Verlust moderner, säkularer Errungenschaften in ihrem Landesteil – etwa die vergleichsweise größere Beteiligung von Frauen am öffentlichen Leben. Ali Abdullah Salih entschied den Konflikt militärisch für sich, unter anderem mithilfe von Stammesmilizen aus dem Norden.

Der Jemen wird gelegentlich als ein gescheiterter Staat bezeichnet. Das ist zwar nicht ganz falsch, übersieht aber, dass dieser Staat nie die komplette Autorität im Land ausgeübt hat – und schon gar nicht die Kontrolle der legitimen Gewaltmittel, die von Staaten in der Theorie verlangt wird. Bestenfalls lässt sich von einer Machtteilung zwischen der Zentralregierung und den Stämmen und Stammesverbänden sprechen. Dabei beanspruchen die Stämme eigene Autorität in mehr oder weniger großen geografischen Gebieten, verteidigen diese gegebenenfalls auch mit Waffengewalt gegen konkurrierende tribale Einheiten oder die Zentralregierung, lassen sich gleichzeitig aber durch ihre Scheichs oder Clanchefs in modernen staatlichen Institutionen wie dem Parlament repräsentieren. Die Stämme konkurrieren untereinander und mit der Regierung um Einfluss und Ressourcen, etwa Entwicklungsprojekte oder Einnahmen aus der Erdölförderung. Im besseren Fall wird dies ausgehandelt, im schlechteren ausgekämpft: Die Stämme sind zum Teil hoch gerüstet, auch mit Kriegswaffen, wenngleich ohne Luftwaffe und Raketen. Einzelne Stämme und Stammesföderationen können den regulären Streitkräften Paroli bieten, vor allem in ihren Heimatregionen, aber auch, wie sich im Sommer 2011 zeigen sollte, in Straßenkämpfen in Sanaa.

Die vertikal-geografische Segmentierung der Stämme, Clans und Familien überlagert dabei in der Praxis die »moderneren« sozialen und politischen Strukturen, die sich vor allem in den Städten herausgebildet haben. Die Chefs der Stämme und Stammesföderationen machen sich moderne Institutionen wie etwa das Parlament oder politische Parteien zunutze, um ihren sozialen Einfluss in politischen und wirtschaftlichen umzusetzen. So sind Sadiq al-Ahmar, der »Scheich der Scheichs« der Hashid, der größten Stammesföderation im Jemen, und sein Bruder Hamid, der als reichster Unternehmer des Landes gilt, eben auch Führungsfiguren in der von ihrem Vater gegründeten größten Oppositionspartei, der dem Programm nach »islamistischen« Islah (»Reform«). Andere Mitglieder der Familie haben Positionen in der Partei des Präsidenten, dem Allgemeinen Volkskongress. Auch die Oppositionsführer sind Teil einer politisch-gesellschaftlichen Elite, die sich über die Verteilung von Öleinnahmen und ausländischen Unterstützungsleistungen streitet, aber insgesamt daran beteiligt ist. Ideologische Fragen spielen keine große Rolle. Nicht wenige Exponenten von Salihs Partei treten deutlich »islamistischer« auf als führende Vertreter der Islah. Die Islah unterhält seit 2005 ein relativ festes Bündnis mit der kleineren Sozialistischen Partei, die sich auf eine ganz andere Basis vor allem im ehemaligen Südjemen stützt. Man konkurriert also in den Stammesgebieten nicht miteinander.

Ali Abdullah Salih war vor allem ein gewiefter Taktiker. Anders hätte er kaum mehr als dreißig Jahren an der Macht überlebt. Er hat es lange vermocht, eine Form des Gleichgewichts zwischen Regierung und Stämmen, Regionen, Parteien, religiösen und ideologischen Gruppen und städtischer

Zivilgesellschaft zu nutzen und aufrechtzuerhalten. Das Spiel mit Patronage und Machtbeteiligung, mit der direkten Zuweisung von Ressourcen, mit der Duldung von Freiräumen hier und der Durchsetzung staatlicher Autorität an anderen Orten oder zu anderen Gelegenheiten verlangte viel diplomatisches Geschick, dazu die Fähigkeit, zu manipulieren, zu verhandeln und notfalls durch den Einsatz der Streitkräfte Gehorsam zu erzwingen. Auch Wahlen konnten eine Rolle spielen oder die Verteilung ausländischer Unterstützung. Das benachbarte Saudi-Arabien unterhielt seine eigenen Patronagenetzwerke, unterstützte Salih und die Regierung, aber auch Stammesführer, wahhabitische Prediger und diverse andere Gruppen im Land. Die Europäer leisteten zivile Entwicklungshilfe und verbanden dies oft mit Mahnungen, die Regierungsführung zu verbessern, die weitgehend unbeachtet verhallten. Salih verstand es meisterhaft, westlichen Staaten gegenüber mit den Schwächen eines armen und noch dazu terrorbedrohten Entwicklungslandes zu punkten und – vor allem den USA gegenüber – die eigene Entschlossenheit, gemeinsame Feinde zu bekämpfen, herauszustellen. Die »Krise« des Landes wurde für den Präsidenten zur Garantie stetig fließender externer Unterstützung.[44]

Für viele der westlichen Regierungen schien erst Ende 2009, als ein im Jemen ausgebildeter Nigerianer versuchte, sich und seine Mitreisenden auf einem Flug nach Detroit in die Luft zu sprengen, klar zu werden, dass im Jemen vieles im Argen lag. Zeichen dafür, dass der nie sehr starke Staat zusehends fragiler wurde und dass Regime und Elite wenig Interesse hatten, daran etwas zu ändern, gab es allerdings schon vorher. Schlechte Regierungsführung und ausufernde Korruption beförderten neue separatistische Tendenzen im ehemaligen Südjemen genauso wie einen Aufstand in der Gegend von Saada nahe der saudischen Grenze. Bei den Aufständischen, den nach ihren Anführern benannten Houthis, handelt es sich um Zaiditen. Aus dieser vom Schiismus abgespaltenen konfessionellen Gemeinschaft stammten auch die Imame, die das Land bis 1962 regiert hatten. Das gab der Auseinandersetzung nicht nur eine konfessionelle, sondern auch eine regionale Dimension, denn Saudi-Arabien, das dazu neigt, in jeder schiitischen Regung den Einfluss Irans zu sehen, involvierte sich bald aufseiten der jemenitischen Regierung. Diese suchte über nahezu sechs Jahre eine militärische Lösung. Wiederholte Vermittlungsversuche Katars oder der Arabischen Liga brachen zusammen, wurden von der Regierung in Sanaa unterlaufen oder schlicht zurückgewiesen. Niederschlagen ließ der Aufstand sich allerdings nicht. Schon 2010 war im Norden ein faktisch autonomer Houthi->>Staat<< entstanden.

All dies geschah vor dem Hintergrund enormer struktureller Probleme. Jemen gehört zu den ärmsten arabischen Ländern; ein Teil der Bevölkerung leidet Hunger. Das Bevölkerungswachstum ist anhaltend hoch; 65 Prozent sind unter 25 Jahre alt; der Anteil der Analphabeten ist insgesamt und vor allem bei Frauen signifikant niedriger als in anderen arabischen Staaten. Die nie besonders hohen Erlöse aus dem Ölexport, die es der Regierung gleichwohl erleichterten, die Loyalität wichtiger Stammesvertreter zu kaufen, sind rückläufig, weil die Ölvorräte zur Neige gehen. Bedrohlicher noch ist das rapide Absinken des Grundwasserspiegels. In der Hauptstadt kann Trinkwasser nur noch mit Pumpen aus einer Tiefe von mehreren hundert Metern gewonnen werden. Das Wachstum der Städte ist eine Ursache für den Wassermangel, aber auch der wasserintensive Anbau der Volksdroge Qat trägt dazu bei. Wassermangel und die Umwandlung von Agrarflächen für den Qat-Anbau erhöhen die Abhängigkeit von teuren Lebensmittelimporten. Die wirtschaftliche Situation wird zudem dadurch belastet, dass Jemeniten weniger Chancen als früher haben, in den Nachbarländern Arbeit zu finden; damit nimmt die Arbeitslosigkeit zu, Überweisungen aus dem Ausland bleiben aus.

Nicht nur Arbeitsmigranten kehrten allerdings mit Beginn der Wirtschaftskrise in den Jemen zurück, sondern auch Mitglieder und Agitatoren von al-Qaida, die zuvor im Irak oder in Afghanistan aktiv waren. Es ist nicht immer eindeutig klar, wer im Namen von al-Qaida auftritt; sicher aber ist der Jemen im Laufe der vergangenen zehn Jahre zu einer der wichtigsten Rekrutierungs- und Rückzugsorte für das terroristische Netzwerk geworden. Nachdem Saudi-Arabien relativ erfolgreich gegen die Jihadisten im eigenen Land vorgegangen war, vereinigten sich die jemenitischen und saudischen Mitglieder der Organisation 2008 zur »al-Qaida in der Arabischen Halbinsel«, die vom Jemen aus geführt wurde. Wer hinschauen wollte, konnte kaum übersehen, dass Salih über sein Umfeld selbst Kontakte zu al-Qaida unterhielt. Dazu gehörte zeitweise auch eine Art Stillhalteabkommen, demzufolge die Jihadisten zwar vom Jemen aus in anderen Ländern tätig wurden, aber keine Anschläge im Jemen ausübten. Die USA ließen sich trotzdem gern überzeugen, dass Salih ein Verbündeter im Kampf gegen al-Qaida war und Unterstützung brauche. Washington lieferte Geld und Ausrüstung, bildete die Eliteeinheiten aus, die von Salihs Söhnen und Neffen geführt wurden, und durfte dafür eigene Drohnen auf Mission schicken, um einzelne Führer des terroristischen Netzwerks zu liquidieren.

Die Unterstützung der USA war dafür nicht gedacht, half Salih aber, mehr Macht in den eigenen Händen und denen seiner Familie zu konzentrieren. Damit geriet allerdings das fragile Gleichgewicht, das es zuvor zwischen Salih und anderen tribalen, regionalen und politischen Kräften gegeben hatte, in Gefahr. Auch demokratische Elemente der Verfassung wurden ausgehebelt. So verlängerte man 2009 schlicht die Legislaturperiode des 2003 gewählten Parlaments. Salih selbst hatte sich zuletzt 2006 erneut zum Präsidenten wählen lassen. Bei der Wahl erhielt der Gegenkandidat der vereinigten Oppositionsparteien immerhin über 20 Prozent der Stimmen. Der Verfassung zufolge hatte damit Salihs letzte Amtszeit begonnen. Für viele seiner Opponenten wurde deshalb eine rote Linie überschritten, als Parteigänger Salihs Anfang 2011 versuchten, die Begrenzung der Amtszeit des Präsidenten aufzuheben.

Dabei gab es im Jemen nicht nur eine der Form nach demokratische Verfassung, sondern auch in der Praxis ein reges politisches Leben mit oft lautstarken parlamentarischen Auseinandersetzungen und, vor allem in Sanaa, Aden oder Taiz, mit aktivem bürgerrechtlichem Engagement sowie einer kritischen Presse. Nichtsdestoweniger wurden politische Opponenten, Journalisten, die zu kritisch über den Präsidenten und seine Familie berichteten, ja selbst ein bekannter Komiker, der sich nicht scheute, sich über Salih lustig zu machen, eingeschüchtert und immer mal wieder ins Gefängnis geworfen.[45] Angesichts der vielgestaltigen und durchaus individualistischen Natur der jemenitischen Gesellschaft war kaum zu erwarten, dass der politische Dissens durch solche Akte individueller Repression verschwinden würde. Widerspruch wurde weiter und regelmäßig geäußert – im Parlament, in der Presse und auf der Straße. Dabei spielten nicht nur die etablierten Oppositionsparteien, deren eigenes Verhältnis zu demokratischen Institutionen bestenfalls als pragmatisch bezeichnet werden kann, sondern zunehmend auch Vertreter der gebildeten Mittelschicht, Studenten, Rechtsanwälte, Journalisten und gerade auch Journalistinnen eine wichtige Rolle. Viele gebildete Jemeniten haben sich immer schon eher an anderen arabischen Staaten als an Europa oder den USA orientiert. Kein Wunder also, dass jemenitische Bürgerrechtler sich Anfang 2011 durch die Revolutionen in Tunesien und Ägypten ermutigt fühlten.

Eine gestohlene zivilgesellschaftliche Revolte?

Zwei Phasen, im Grunde sogar zwei parallele Herrschaftskonflikte, charakterisieren den Verlauf der Ereignisse im Jemen. Zunächst gab es auch hier, wie in Tunesien und Ägypten, eine Revolte überwiegend junger, gebildeter Aktivisten, der sich etablierte Oppositionsparteien anschlossen. Dieser im Grund demokratische Protest wurde zunehmend durch einen Machtkonflikt zwischen den Führern der größten Stammesföderation – der Ahmar-Familie – und Präsident Salih mit seinem Clan überlagert. Am Ende führten Fehlkalkulationen Salihs und das Ungeschick, selbst getroffen und schwer verletzt zu werden, zum vorübergehenden Exil des Präsidenten. Damit brach das Regime allerdings noch nicht unmittelbar zusammen, vielmehr festigte sich erst einmal ein blutiges Patt.

Der Ablauf der Ereignisse ist rasch erzählt. Unmittelbar nach dem Sturz Ben Alis in Tunesien begannen einige jüngere Aktivisten um die 32-jährige Journalistin Tawakkul Kamran zu größeren Demonstrationen aufzurufen. Diese Gruppe und andere hatten bereits früher mit kleineren Aktionen für größere Pressefreiheit, die Freilassung politischer Gefangener, schlicht für politische Reformen oder gegen Korruption auf sich aufmerksam gemacht. Jetzt forderten sie ein Ende des Regimes. Man kann kaum sagen, dass diese jungen, Internet und Facebook nutzenden Leute repräsentativ für den Jemen oder auch nur für dessen jüngere Generation waren: Weniger als zehn Prozent der Bevölkerung hatten Ende 2010 hier einen Internetzugang, weniger als ein Prozent nutzten Facebook. Sie trafen aber ganz offenbar den Nerv der Zeit, und die Proteste erhielten rasch Zulauf. Das lag auch daran, dass das Bündnis der wichtigsten Oppositionsparteien, die »Parteien des Gemeinsamen Treffens«, sich den Protesten anschloss, wobei es gleichzeitig allerdings deren Führung zu übernehmen suchte.[46] Sympathie für die Forderungen nach einem zumindest absehbaren Ende des Regimes gab es selbst in Regierungskreisen. So traten im Laufe der ersten Wochen mehrere Mitglieder des »Allgemeinen Volkskongresses«, der Partei Salihs, von ihren Abgeordneten-, Minister- oder Vizeministerämtern zurück. Führende Vertreter der mächtigsten Stammesföderation, der Hashid, verlangten, dass Salih die Szene verlasse, und Stammesangehörige aus den Provinzen gesellten sich in wachsender Zahl zu den Demonstranten in Sanaa und anderen Städten.

Allerdings gelang es, anders als in Tunesien und Ägypten, dem Präsidenten, ein überzeugendes Maß an Unterstützern zu mobilisieren. Während die Opposition und die Protestbewegung bald den Platz vor der Universität in Sanaa in Besitz nahmen, dort Bühnen und eine Zeltstadt errichteten und ihn in Taghyir-Platz (»Platz der Veränderung«) umbenannten, bauten Anhänger Salihs eine ähnliche permanente Präsenz auf einem anderen zentralem Platz der Hauptstadt auf – ironischerweise dem Tahrir-Platz. Dort trat auch der Präsident wiederholt auf. Nicht immer verhielt er sich dabei geschickt. So machte er in einer Rede einen Ausfall gegen Frauen, die sich an der Protestbewegung beteiligten, zum Teil dort ja sogar eine führende Rolle spielten. Die Frauen, so Salih, sollten lieber zu Hause bleiben; islamisches Recht verbiete schließlich, dass Frauen und Männer sich in dieser Weise mischten. Daraufhin kam es zwar zu einigen Übergriffen auf Frauen auf dem Taghyir-Platz. Bemerkenswert allerdings war, dass Salih mit seinen Äußerungen selbst im sehr konservativen Jemen eher Empörung auslöste; jedenfalls nahm die Zahl der Frauen, die in den folgenden Tagen und Wochen an Demonstrationen teilnahmen, deutlich zu.

Das Regime setzte schon frühzeitig Gewalt ein. Schlägerbanden griffen wiederholt Demonstranten an und schreckten nicht vor tödlicher Gewalt zurück, um die Proteste zu beenden. So feuerten an einem Freitag im März Scharfschützen von den Dächern in die Menge auf dem Platz vor der Universität; mehr als fünfzig Menschen kamen ums Leben. Seit März wuchs die Angst vor einem Bürgerkrieg. General Ali Muhsin al-Ahmar, ein Verwandter des Präsidenten und einer der einflussreichsten Militärführer, der sich früher selbst bei der Niederschlagung von Aufständen und Rebellionen hervorgetan hatte, wechselte die Seiten und erklärte öffentlich, fortan mit den ihm loyalen Teilen der Armee die Protestbewegung schützen zu wollen. Damit standen sich nun auch konkurrierende Einheiten der regulären Streitkräfte gegenüber: die von Ahmad Salih und einigen der Neffen des Präsidenten geleiteten Spezialkräfte und Elite-Einheiten auf der einen, Ali Muhsins Panzerdivision auf der anderen Seite.

Die Zuspitzung beunruhigte auch die Nachbarn. Im April begann Saudi-Arabien mithilfe des Golfkooperationsrats, sich um eine Verhandlungslösung zwischen dem Lager des Präsidenten und den Oppositionsparteien zu bemühen, wobei die Jugendbewegung allerdings ausgeschlossen blieb. In Riad hatte sich die Überzeugung durchgesetzt, dass Salih zwar ein Freund und Verbündeter war, aber wohl abtreten müsse, um im Jemen wieder stabile Verhältnisse auf der Grundlage eines neuen Konsenses der Elite herzustellen und damit einen Zusammenbruch des Staates, aber auch eine Volksrevolution zu verhindern, die eindeutig nicht im Interesse der Monarchien lag.[47] Ende April lag ein Kompromisspaket vor: Danach sollte der Präsident sein Amt einen Monat nach Unterzeichnung eines entsprechenden Abkommens an den Vizepräsidenten abgeben, dieser würde eine neue Regierung unter Führung der Opposition bilden; Salih und seiner Familie würde Immunität garantiert. Die Oppositionsparteien akzeptierten den Vorschlag; die jugendlichen Anführer der Protestbewegung, die ohnehin nicht involviert waren, lehnten ihn ab und forderten weiterhin den sofortigen Abgang des Präsidenten. Salih selbst lavierte, lehnte die Vorschläge ab, deutete dann an, zur Unterschrift bereit zu sein, fand aber immer wieder Vorwände, ein Abkommen im letzten Moment eben doch zu verweigern: Mal wollte nicht er selbst unterschreiben, sondern dies nur durch Vertreter seiner Partei tun lassen, mal düpierte er die Unterhändler vom Golf, indem er sie in der Botschaft der Emirate belagern ließ. Ende Mai, nach dem dritten Scheitern der Golfstaateninitiative, begann Salih militärisch gegen die Anhänger des obersten Scheichs der Hashid, Sadiq al-Ahmar, vorzugehen, verkalkulierte sich dabei aber offenbar. In Sanaa begann ein offener Krieg zwischen Regierungstruppen und den Milizionären der Hashid, die ihre Stellungen hielten, zum Teil sogar Regierungsgebäude unter ihre Kontrolle bringen konnten. Auch Artillerie und andere schwere Waffen wurden eingesetzt. Am 3. Juni, einem Freitag, kam es während des Gottesdienstes zu einer Explosion in der Moschee auf dem Gelände des Präsidentenpalastes. Es ist unklar und im Ergebnis auch unwichtig, ob diese durch einen Granatenangriff oder durch eine Bombe verursacht wurde, die von Personen mit Zugang zum Palastgelände dort gelegt worden war. Der Präsident wurde jedenfalls schwer verletzt, einige seiner engen Mitstreiter fanden den Tod. Salih wurde in Begleitung seiner zwei Frauen und einiger Kinder zur Behandlung nach Saudi-Arabien ausgeflogen.

Nicht der Druck der Protestbewegung oder die von Saudi-Arabien gesteuerten Verhandlungen zwangen Salih zur Ausreise ins Nachbarland, sondern das Pech, in der von ihm selbst gesuchten militärischen Auseinandersetzung schwer verwundet zu werden. Die Detonation in der Palastmoschee schien zunächst sogar die Umsetzung des politischen Fahrplans, den die Golfratsstaaten vorgelegt hatten, möglich zu machen. In Sanaa wurde nach der Ausreise Salihs ein Waffenstillstand vereinbart, der allerdings äußerst brüchig blieb. Der Vizepräsident, ein Südjemenit ohne eigene Hausmacht, übernahm vorübergehend die Führung der Staatsgeschäfte. Salihs Söhne und Neffen, die militärische Einheiten kommandierten, blieben jedoch im Land und hielten ihre Stellungen. Sie zeigten damit, dass diejenigen, die den Abgang Salihs bereits als Ende des Regimes gefeiert hatten, noch nicht gewonnen hatten, und dass der Clan und die Anhängerschaft des Präsidenten bei jeder Neuverteilung der Macht berücksichtigt werden müssten.

Der halbwegs wiederhergestellte Salih selbst wandte sich erstmals einen Monat nach seiner Evakuierung per Fernsehansprache aus Riad an seine Anhänger. Dabei und auch bei späteren Äußerungen lavierte er weiter. Er erklärte mehrfach, dass er den Vermittlungsplan des Golfkooperationsrats – den zu unterschreiben er sich zuvor dreimal geweigert hatte – gutheiße, ermächtigte kurzzeitig seinen Vizepräsidenten, mit der Opposition über eine Machtübergabe zu verhandeln, und ließ die Frage seiner Rückkehr in den Jemen zunächst offen. Anscheinend ging es ihm darum, die Verhandlungsposition seines Clans und seiner Anhänger für eine Übergangsregelung zu stärken: Wenn die Opposition, die sich zu einem brüchigen Zweckbündnis zusammengeschlossen hatte, Salih aus dem Weg haben wollte, würde sie seinen Leuten einen angemessenen Platz im politischen Machtgefüge zusichern müssen. Als Salih Ende September unerwartet wieder in Sanaa einflog, eskalierten die Kämpfe zwischen seinen Truppen, insbesondere den von seinem Sohn kommandierten Spezialkräften, und gegnerischen Einheiten erneut. In der Hauptstadt setzten beide Seiten Artillerie ein. Auf die Zivilbevölkung wurde keine Rücksicht genommen. Die Truppen Salihs scheuten sich nicht einmal, die Demonstranten, die weiterhin auf dem Taghyir-Platz aushielten, gezielt mit Mörsergranaten zu beschießen.

Das Land war einem Absturz in die Katastrophe sehr nahe. Infolge der kriegerischen Auseinandersetzungen und sporadischer Kämpfe in einzelnen Landesteilen sowie fortgesetzter Kontrollen und Blockaden, die von einzelnen Parteien errichtet worden waren, brach unter anderem die Versorgung mit Benzin und Diesel, der auch für den Betrieb der Wasserpumpen gebraucht wird, in Teilen des Landes völlig zusammen. Preise für Brennstoffe und Wasser stiegen in kürzester Zeit um das Dreifache oder mehr, in der Hauptstadt wurden die Lebensmittel knapp, die Zahl der Hungernden nahm zu. Verschiedene Landesteile und Städte standen unter der Kontrolle unterschiedlicher politischer Kräfte, in einzelnen Städten des Südens kämpfte die Armee auch gegen organisierte Gruppen, die angeblich oder tatsächlich zu al-Qaida gehörten. Ein Zerfall des Staates nach dem Muster Somalias ließ sich zumindest nicht mehr ausschließen.

Das politisch-militärische Patt und die katastrophale wirtschaftliche Lage machten es auch nach der Rückkehr Salihs gleichwohl denkbar, dass die verschiedenen tribalen, militärischen und politischen Schwergewichte sich zumindest temporär auf einen Kompromiss einigen würden, wie der

Plan der Golfstaaten ihn vorsah. In der Essenz wäre dies eine Form der Machtteilung zwischen den alten Eliten, die wenig mit Demokratie und Rechtsstaatlichkeit, dagegen viel mit einer Neuaufteilung von Positionen und Zugängen zu wirtschaftlichen Ressourcen auf tribaler und politisch-geographischer Grundlage zu tun haben würde, so wie in den Stammesgebieten des Jemen jeder Clan sein eigenes, nicht immer klar definiertes Gebiet beherrscht und gegen Konkurrenten verteidigt, die Domänen anderer Clans und Stämme aber respektiert. Der große Nachbar Saudi-Arabien wäre damit zufrieden; Salih würde, auch wenn er früher oder später abtritt, den Einfluss seiner Familie gesichert haben, und die USA dürften weiterhin jeder Regierung Unterstützung anbieten, die zumindest halbwegs glaubhaft behauptet, gegen al-Qaida vorzugehen. Den Bürgern, die auf dem Taghyir-Platz in Sanaa aushielten oder in Taiz und anderen Städten weiter regelmäßig für grundlegendere politische und soziale Reformen demonstrierten, würde der Aufstand damit jedenfalls zunächst gestohlen.

Bahrain
Friedhofsruhe auf dem Finanzplatz?

Wenn es eines Beweises bedurft hätte, dass auch die arabischen Monarchien nicht gegen die Welle der Proteste und des Veränderungsdrucks immun sind, dann lieferte ihn das kleine Königreich Bahrain. Aber natürlich hätte es gar nicht erst zu einem Aufstand kommen und dieser auch nicht blutig niedergeworfen werden müssen. Auch die Nachbarn hätten nicht intervenieren müssen. Der Umgang mit den Protesten isolierte und diskreditierte das Königreich international und dürfte seine wirtschaftliche Enwicklung auf längere Zeit belasten. Der konkrete Verlauf der Ereignisse wurde wie in den anderen Ländern maßgeblich durch politische Entscheidungen oder Fehlentscheidungen bestimmt, die viel mit der Zusammensetzung der politischen Führungselite, hier aber auch mit der geopolitischen Lage des Landes zu tun haben.

Bahrain ist die kleinste und traditionell die politisch und gesellschaftlich offenste der sechs im Golfkooperationsrat (GCC) zusammengeschlossenen arabischen Monarchien am Persischen Golf. Der Inselstaat vor der Ostküste Saudi-Arabiens zählte 2010 etwa 1,2 Millionen Einwohner, davon knapp die Hälfte bahrainische Staatsbürger. Etwa 70 Prozent der Bahrainer sind schiitische, etwa 30 Prozent sunnitische Muslime – darunter auch die seit dem 18. Jahrhundert herrschende Familie der Khalifa. Da das Land im Vergleich zu seinen Nachbarn mit wenig Öl ausgestattet ist, entwickelte sich hier eine diversifiziertere, vor allem auf Dienstleistungen basierende Ökonomie. Seit den siebziger Jahren des 20. Jahrhunderts wurde Bahrain so zu einem regionalen Finanzplatz; bereits seit den vierziger Jahren nutzt die Fünfte US-Flotte Bahrain als ihren Standort im Persischen Golf. Schon frühzeitig entstand hier eine gebildete und politisierte Mittelschicht sowie eine rege Gewerkschaftsbewegung. Bahrain gab sich 1973, zwei Jahre nach der Unabhängigkeit des Landes von Großbritannien, eine Verfassung, die allerdings kurze Zeit später vom Emir, dem Vater des heutigen Königs, wieder kassiert wurde; es hat eine Tradition von Parteibildung, politischer Debatte und Opposition ausgebildet, aber auch von wiederholten Protesten und Revolten, die nicht nur, aber vor allem von der schiitischen Bevölkerungsmehrheit getragen wurden.

Hamad bin Isa Al Khalifa, der 1999 seinem Vater als Emir an der Staatsspitze nachfolgte, hatte offenbar erkannt, dass das politische System des Landes fortentwickelt werden musste. Der Staat wurde zwar zu einem gewissen Anteil vom reicheren Nachbarn Saudi-Arabien subventioniert. Eine eigene, unabhängige Wirtschaftsentwicklung beruhte aber auf der Leistung seiner Menschen, und der politische Zusammenhalt hing davon ab, dass der Staat sich auch die Loyalität der schiitischen Mehrheitsbevölkerung sicherte. Beides sprach für eine stärkere Beteiligung der Bürger und die Entwicklung hin zu einer konstitutionellen Monarchie. Hamad erlaubte exilierten Oppositionspolitikern die Rückkehr, versprach demokratische Reformen und ließ 2001 per Referendum über eine Nationalcharta abstimmen, die wesentliche demokratische Elemente vorsah. Die Zustimmung war überwältigend. Dies zeigte, dass auch der schiitische Bevölkerungsteil bereit war, einen Staat unter Führung der sunnitischen Herrscherfamilie zu akzeptieren, wenn diese in angemessener Weise konstitutionell kontrolliert wurde.

Ein Jahr später erließ der Emir eine Verfassung, die Bahrain zum Königreich erklärte – und ihn zum König erhob. Diese Verfassung war jedoch ohne Konsultation mit den politischen Gruppen des Landes erarbeitet worden und fiel deutlich hinter die Reformversprechen zurück. So sind die gesetzgeberischen Kompetenzen und das Budgetrecht der gewählten Kammer des Parlaments beschränkt, und der König allein entscheidet über die Zusammensetzung des Kabinetts.

Hamad gehörte zu Beginn dieses Jahrhunderts mit Muhammad VI. in Marokko, Abdullah in Jordanien und Bashar al-Asad in Syrien zur Gruppe der jungen arabischen Herrscher, die große Reformerwartungen ausgelöst hatten. Enttäuschung darüber, dass das Maß an Reformen begrenzt blieb, ja dass im Verlauf der weiteren Jahre politische Spielräume sogar wieder eingeengt wurden, gab es nicht nur bei schiitischen Oppositionsvertretern, sondern auf allen Seiten des konfessionellen Spektrums. Wenn die Opposition allerdings überwiegend aus der schiitischen Mehrheitsbevölkerung hervorging, lag das daran, dass Bahrains Schiiten sich insgesamt – unabhängig von ihrer politischen Haltung und vom wirtschaftlichen Erfolg gar nicht so weniger unter ihnen – einer politischen, wirtschaftlichen und sozialen Diskriminierung ausgesetzt sahen: Die wichtigsten Kabinettspositionen werden von Mitgliedern der königlichen Familie und von anderen Sunniten besetzt; im Parlament gibt es dank des besonderen Zuschnitts der Wahlkreise eine sunnitische Mehrheit. Schiiten haben weniger Chancen, gute Positionen im öffentlichen Dienst einzunehmen, und Militär und Polizei rekrutieren sich vornehmlich aus dem sunnitischen Bevölkerungsteil oder aus Zuwanderern, etwa aus Pakistan. Die Arbeitslosigkeit unter Schiiten ist höher, bei der Verteilung von Bauflächen und staatlichen Wohnbauprojekten werden Sunniten sichtbar bevorzugt. All dies wird auch von Regierungsvertretern nicht bestritten. Man wisse, sagte mir einmal ein junger Minister, der selbst zur königlichen Familie gehört, dass da einiges im Argen liege. Diskriminierung wolle er das aber nicht nennen. Natürlich seien die Schiiten Bürger, hätten die gleichen Rechte. Aber was solle man machen: Man könne »denen« eben einfach nicht trauen, das sei schließlich eine Frage der Sicherheit, einige wollten einen Staat wie Iran. Wer wisse schon, ob sie letztlich loyal seien.

Diskriminierungen und die Beschränkungen demokratischer Teilhabe standen einem gerade im Vergleich zum benachbarten Saudi-Arabien liberalen Klima und einem regen politischen und zivilgesellschaftlichen Leben nicht direkt entgegen, schränkten aber die Möglichkeiten ein, etwas zu verändern. Es gibt – oder gab zumindest bis zum Frühjahr 2011 – eine kritische Presse; das Parlament ist debattierfreudig; und bei den Parlamentswahlen gibt es echte Konkurrenz zwischen unterschiedlichen Parteien und Gruppierungen. Auf Regierungs- wie auf Oppositionsseite dominieren dabei mehr oder weniger gemäßigte Islamisten. So steht die Muslimbruderschaft in Bahrain deutlich aufseiten des Herrscherhauses, von dem sie auch finanziert, wenn nicht sogar geführt wird. Die parlamentarische Opposition wie auch die breitere Protestbewegung ist eine Mischung aus schiitisch-islamistischen und eher linken Gruppen.[48]

Als im Februar 2011 auch in Bahrain Proteste begannen, trugen diese keinen konfessionellen, sondern Bürgerrechtscharakter. Eine Facebook-Gruppe hatte für den 14. Februar – den zehnten Jahrestag des Referendums über die Nationalcharta – zu einer Demonstration aufgerufen. Zweifellos durch die tunesischen und ägyptischen Ereignisse inspiriert, folgten Tausende dem Aufruf. Beim gewaltsamen Versuch der Sicherheitskräfte, die Demonstration aufzulösen, gab es einen ersten Toten, einen weiteren und zahlreiche Verletzte dann bei dessen Beerdigung am nächsten Tag. Fortan eskalierten die Ereignisse: Die Protestbewegung besetzte nach ägyptischem Vorbild einen zentralen Verkehrsknotenpunkt, den Perlenplatz, und nahm diesen dann, wenige Tage nach einer ersten gewaltsamen Räumung durch die Sicherheitskräfte, für mehrere Wochen in Besitz. Vertreter der Regierung behaupteten von Anfang an, man habe es mit einem von Iran aus gesteuerten Aufstand zu tun. Das war wenig überzeugend. Die Protestbewegung begann mit Forderungen nach politischen und sozialen Reformen, die zwar mit der Zeit radikaler wurden, aber kaum der iranischen Agenda entsprachen. Und wer nach iranischen Fahnen, Forderungen nach einer »Islamischen Republik« iranischen Musters oder nach anderen Anzeichen einer Orientierung in Richtung Teheran suchte, tat dies vergebens. Aus der Jugendkoalition, die die Proteste ausgelöst hatte, und aus einigen der nicht anerkannten politischen Gruppierungen wurde allerdings zunehmend die Forderung nach einem Sturz des Khalifa-Regimes und einem Ende der Monarchie laut. Die schiitische parlamentarische Opposition und allem Anschein nach auch die Mehrheit der Protestierenden verlangten dagegen kein Ende des Regimes, sondern den Rücktritt der Regierung, insbesondere des als besonders korrupt geltenden Onkels des Königs, der seit vierzig Jahren als Ministerpräsident amtierte, und die Wahl einer verfassunggebenden Versammlung, die eine Verfassung erarbeiten und Bahrain damit wirklich in eine konstitutionelle Monarchie verwandeln sollte. Dementsprechend akzeptierte die wichtigste schiitische Partei, die moderat islamistische *Wifaq* (»Konsens«), auch einen Dialog mit dem Königshaus.

Etwa drei Wochen blieb die Lage unentschieden; es gab gleichzeitig Dialog- und Beschwichtigungsbemühungen, anhaltende Proteste und auch Vorbereitungen zu deren gewaltsamer Unterdrückung. Während die Zahl der Demonstrierenden anschwoll – im Verhältnis zur Bevölkerungszahl lässt sich wohl von den mächtigsten Demonstrationen in der arabischen Welt sprechen[49] –, führte der als reformorientiert geltende Kronprinz, Salman bin Hamad, Gespräche mit Vertretern der Opposition. Die entscheidenden politischen Forderungen, nicht zuletzt die nach einem Rücktritt des Ministerpräsidenten oder die Wahl einer verfassunggebenden Versammlung, wurden dabei nicht berücksichtigt; der Kronprinz erklärte allerdings, dass andere Forderungen wie die Ausweitung der Rechte des Parlaments in einem öffentlichen Dialog diskutiert werden könnten, dass Klagen über soziale Missstände berechtigt seien und die Regierung für Abhilfe sorgen wolle. Offensichtlich waren er wie auch die schiitische Wifaq an echten Verhandlungsfortschritten interessiert.

Teile des Regimes mobilisierten aber gleichzeitig sunnitische Unterstützer und versuchten, die Auseinandersetzung in konfessionelle Bahnen zu lenken. Im regionalen und internationalen Umfeld bemühten sie sich den Eindruck zu vermitteln, dass man sich nicht nur gegen einen »schiitischen« Aufstand wehren müsse, sondern dass dieser auch das Ergebnis iranischer Einmischung sei. Selbst die USA, die nicht nur wegen ihres Flottenstützpunkts großes Interesse an der Stabilität Bahrains haben und Iran als ihren gefährlichsten Gegner in der Region betrachten, waren nicht einfach bereit, die Geschichte von der iranisch inspirierten Verschwörung zu glauben. Verteidigungsminister Robert Gates erklärte bei einem Besuch in Bahrain vielmehr öffentlich, man habe keinerlei Beweise dafür, dass Iran hinter den Revolutionen und Demonstrationen in der Region stehe, fürchte allerdings, dass Teheran eine komplizierte Situation wie die in Bahrain ausnützen könne, falls diese sich in die Länge ziehe. Die USA wünschten sich, dass das bahrainische Königshaus einen echten Veränderungsprozess einleite, »Baby-Schritte« in Richtung Reform seien nicht genug.[50]

Innerhalb der königlichen Familie gab es offensichtlich Differenzen zwischen eher reformorientierten Mitgliedern wie dem Kronprinzen und Hardlinern wird dem Ministerpräsidenten, die in ernsthaften Reformschritten ein Nachgeben sahen, das zu weitergehenden republikanischen Forderungen ermutigen könnte. Aber nicht nur die inneren Kräfteverhältnisse, sondern auch die Abhängigkeit vom großen Nachbarn Saudi-Arabien spielten eine Rolle: Wie sehr König Hamad auf saudische Unterstützung angewiesen war, wurde geradezu demonstrativ deutlich, als er sich wie ein Mitglied der saudischen Herrscherfamilie Ende Februar zur Begrüßung des saudischen Königs, der von einem längeren Genesungsaufenthalt im Ausland zurückkehrte, in Riad einfand. Die saudische Führung, die schon den Umsturz in Ägypten nicht gutgeheißen und die USA dafür kritisiert hatte, dass diese Husni Mubarak hatten fallen lassen, machte sehr deutlich, dass sie in einem anderen Land des Golfkooperationsrates, innerhalb der Familie der golfarabischen Monarchien also, keine demokratische Revolution dulden werde.

In dem Moment, als Saudi-Arabien die Führung übernahm, entschieden sich die Dinge recht schnell: Bei einer Sitzung der Außenminister des Golfkooperationsrates am 10. März beschlossen diese, Bahrain und Oman jeweils mit einem 10-Milliarden-Dollar-Hilfspaket für Arbeitsbeschaffungs- und andere Entwicklungsmaßnahmen zu unterstützen, erklärten aber gleichzeitig, dass man keine ausländische Einmischung in die inneren Angelegenheiten der GCC-Staaten zulassen werde.

In Bahrain nahm derweil die Schärfe der Auseinandersetzungen zu. Unter anderem gab es gewerkschaftliche Aufrufe zu einem Generalstreik, Demonstrationen wurden gewaltsam aufgelöst. Am 14. März, nur zwei Tage nach dem Besuch des amerikanischen Verteidigungsministers und dessen Appell, echte Reformen einzuleiten, marschierten etwa tausend Soldaten aus Saudi-Arabien und kleinere Einheiten aus den VAE über den Damm, der den Inselstaat mit Saudi-Arabien verbindet, in Bahrain ein. Sie übernahmen vor allem Sicherungsaufgaben an strategischen Punkten und entlasteten damit die bahrainischen Sicherheitskräfte dahingehend, dass diese, nachdem Hamad den Ausnahmezustand erklärt hatte, das Protestlager auf dem Perlenplatz gewaltsam auflösen und weitere Demonstrationen unterbinden konnten. Zahlreiche Oppositionelle wurden verhaftet. Die Niederschlagung des Protests wurde symbolisch dadurch unterstrichen, dass man das Denkmal auf dem Perlenplatz, das eigentlich die Einheit der GCC-Staaten symbolisieren sollte, niederreißen ließ.

Die Proteste, aber auch die Dialogversuche waren damit zunächst beendet. Zwanzig bis dreißig Menschen waren ums Leben gekommen – keine so kleine Zahl bei gerade einmal 600 000 Bahrainern. Für die nächsten Monate kehrte eine Art Friedhofsruhe ein: Menschenrechtsorganisationen und andere Beobachter berichteten von bis zu 800 Verhaftungen nicht nur von aktiven Teilnehmern der Proteste, sondern auch von zahlreichen Ärzten und Sanitätern, die verletzte Demonstranten behandelt hatten; von einer dichten, einschüchternden Sicherheitspräsenz in schiitischen Dörfern und auch von der Zerstörung von bis zu vierzig schiitischen Moscheen und Versammlungshallen als einer Art kollektiver Bestrafung. Die Regierung sprach weiter vom Kampf gegen Terroristen und iranische Agenten. Über tausend Personen, die an den Protesten teilgenommen hatten, verloren ihre Stellen in staatlichen Betrieben; einige führende Oppositionsvertreter und mehrere Mediziner wurden vor Sondergerichte gestellt und zu mehrjähriger, in einigen Fällen auch lebenslänglicher Haft verurteilt. Zahlreiche andere Aktivisten erhielten Haftstrafen wegen ihrer Teilnahme an den Demonstrationen, darunter eine 20-Jährige, der vorgeworfen wurde, mit einem Gedicht »Hass gegen das herrschende System« geschürt zu haben. Vier Menschen, darunter ein prominenter Verleger, kamen in der Haft ums Leben, mindestens einer vermutlich durch Folter.[51] Der Chefredakteur der wichtigsten oppositionellen – und insgesamt glaubwürdigsten – bahrainischen Zeitung *al-Wasat* (»die Mitte«) wurde zum Rücktritt gezwungen, die Zeitung auf Regierungslinie gebracht. Das kleinste arabische Land hatte mit Unterstützung Saudi-Arabiens, des Schwergewichts unter den arabischen Golfstaaten, ein Exempel statuiert.

König Hamad erklärte den Ausnahmezustand zweieinhalb Monate später für beendet und kündigte einen »Dialog des nationalen Konsenses« an. Die Demonstrationen für politische Reformen setzten daraufhin wieder ein. Zunächst geschah das in kleinerem Ausmaß und eher in den schiitischen Dörfern als in der Hauptstadt, aber regelmäßig. Insbesondere wurde die Forderung nach einer gewählten Regierung erhoben. An der Ernsthaftigkeit des angekündigten Dialogs, einer Veranstaltung mit 300 ausgewählten Teilnehmern, die über drei Wochen diverse politische und soziale Themen diskutierten, waren Zweifel angebracht. Wichtige Oppositionsvertreter, die einem solchen Dialog erst Glaubwürdigkeit verliehen hätten, blieben in Haft. Von der schiitischen Wifaq-Partei, die immerhin die Mehrheit der Stimmen bei den letzten Parlamentswahlen gewonnen hatte, waren nur fünf Vertreter eingeladen, von denen einer in Haft blieb, von der Opposition insgesamt nur 35. Die Partei nahm anfänglich – auch auf Drängen amerikanischer Diplomaten – teil, erklärte aber nach zwei Wochen, dass sie die Veranstaltung verlasse: Die Regierung sei nicht bereit, grundlegende politische Fragen zu diskutieren. Tatsächlich blieben die Vorschläge, die das Forum dem König am Ende vorlegte, sehr zurückhaltend: Mehr als die Idee, zukünftig dem Parlament zu erlauben, Regierungsmitglieder zur Befragung ins Plenum vorzuladen und selbstständig eigene Themen auf die Tagesordnung zu setzen, war offenbar nicht konsensfähig. Weitergehende Reformvorstellungen blieben außen vor.

Ohne politische Reformen dürften für die Zukunft eher weitere Proteste und neue, vielleicht besser vorbereitete Versuche zu erwarten sein, das gegenwärtige politische System grundlegend zu verändern oder durch ein anderes zu ersetzen. Wirtschaftlich hat das Land bereits erheblichen Schaden genommen. Und ohne eine neue Form der Stabilität, die die Mehrheit der Bürger einbezieht, wird das Land auch seine Position als Finanzplatz nicht wiedergewinnen. Einige internationale Finanzdienstleister wechselten bereits vom Standort Bahrain nach Dubai.

Aus der Sicht Riads mag die Unterdrückung des Aufstands in Bahrain nicht nur ein Akt brüderlicher Hilfe für das bedrängte bahrainische Regime, sondern auch eine notwendige Machtdemonstration in verschiedene Richtungen gewesen sein: Teheran gegenüber als Warnung, dass Einmischungsversuche nicht toleriert werden, den USA gegenüber, denen man zeigte, dass man auch ohne oder gegen ihren Rat handeln kann, und nicht zuletzt der eigenen schiitischen Bevölkerung gegenüber, die hauptsächlich in der saudischen Ostprovinz angesiedelt ist, dort wo der Damm liegt, der nach Bahrain führt. Das Ergebnis ist zwiespältig, schließlich wurden iranische Anschuldigungen, dass die arabischen Golfstaaten ihre Bürger unterdrücken, eher unterstützt; es kam zu wiederholten Solidaritätsdemonstrationen in der saudischen Ostprovinz und die regionale Glaubwürdigkeit Saudi-Arabiens, das sich gleichzeitig sehr konstruktiv um eine friedliche Beilegung der Krise im Jemen bemühte, nahm Schaden.

Marokko
Der König will ein wenig die Macht teilen

Unter Marokkanern gibt es wenig Dissens darüber, dass das Land nach der Amtsübernahme König Muhammads VI., der 1999 seinem verstorbenen Vater, Hassan II., auf den Thron folgte, freier und offener geworden ist. Oppositionspolitiker wurden aus Haft und Hausarrest entlassen oder zur Rückkehr aus dem Exil ermutigt, Menschenrechtsverletzungen unter dem Regime Hassans offen diskutiert, die Presse wurde freier, das politisch-gesellschaftliche Leben reicher und vielgestaltiger.

Der Schwung der Reform blieb allerdings einige Jahre später stecken. Terroristische Anschläge stärkten die Verfechter des Status quo in den Sicherheitskräften, und auch die Nachbarstaaten im Maghreb stellten mehr oder weniger deutlich klar, dass sie in einer zu weitgehenden Liberalisierung oder gar Demokratisierung in Marokko eine Bedrohung ihres eigenen Systems sehen würden. Marokko blieb eine liberalisierte Monarchie, in der die faktische Staatsgewalt nichtsdestoweniger beim König und seiner Regierung lag: Es gab ein Mehrparteiensystem, Oppositionsparteien gewannen auch schon einmal eine Mehrheit, aber die Regierungen wurden vom König, nicht vom Parlament ausgewählt, und auch die parlamentarische Opposition hielt sich in der Regel an die Vorgaben des Monarchen. Allzu kritische Journalisten wurden durch kostenintensive Gerichtsverfahren mundtot gemacht. Die regionalen und sozialen Ungleichheiten blieben krass trotz einiger Bemühungen, die vernachlässigten Regionen wirtschaftlich zu entwickeln. Der König, dem auch von kritischen Stimmen zugestanden wird, dass er keine autoritären Ambitionen hegt, stützt sich auf ein etabliertes Patronagesystem, das große Teile der politischen Klasse einbindet. Er duldet ausufernde Korruption in seinem Umfeld und ist selbst der mächtigste Unternehmer des Landes. Untergebene, die den alten König ihren »Herrn« genannt hatten, sprechen von ihm als »le patron« – dem Chef.

Die Umbrüche in Tunesien und Ägypten ließen auch in Marokko rasch Forderungen nach politischer und sozialer Reform aufkommen. Eine erste, bald für die Protestbewegung namengebende Demonstration fand am 20. Februar 2011 statt – gut eine Woche nach dem Sturz Husni Mubaraks also.

Muhammad VI. erkannte offenbar schnell, dass sich der politische Druck, der sich in seinem Land aufzubauen begann, nicht einfach aussitzen ließ. Schon zwei Wochen nach der ersten Großdemonstration hielt er eine Thronrede, in der er eine echte Verfassungsreform versprach. Er setzte eine Kommission und ein Beratungsgremium ein, die innerhalb von drei Monaten eine neue Verfassung erarbeiten und politische und gesellschaftliche Gruppen in den Prozess einbeziehen sollten.

Die Protestbewegung stand auch hier unter der Führung überwiegend gut ausgebildeter junger Leute, die sich zur »Bewegung des 20. Februar« formiert hatten und von linken Parteien, gewerkschaftlichen Gruppen sowie einem Teil der islamistischen Opposition unterstützt wurden. Allwöchentliche Demonstrationen in verschiedenen großen Städten des Landes blieben zwar mit maximal einigen zehntausend Teilnehmern im Vergleich zu Tunesien und Ägypten begrenzt, hielten aber einen steten Druck aufrecht. In einigen Fällen, aber keineswegs in den meisten, wurden Demonstrationen gewaltsam aufgelöst; überwiegend ließ die Regierung die Proteste zu. Allerdings wurde in Marokko auch nicht der Sturz des Systems oder des Königs gefordert, der als Person und Symbol des Staates durchaus weitreichendes Ansehen genießt. Die Hauptkritik der Bewegung richtete sich auf die Regierungspraxis. Der Slogan, den man am häufigsten hörte, hieß hier »*al-shaab yurid isqat al-fusad!*« – Das Volk will den Sturz der Korruption.

Interessant ist, dass der König und die Regierung zwar unter dem Druck der Demokratiebewegung agierten, es aber schafften, den politischen Prozess in der Hand zu behalten. Die Regierung kam einigen sozialen Forderungen nach und setzte auch politische Signale. So ratifizierte Marokko etwa die Anti-Folter-Konvention der Vereinten Nationen wie auch die Konvention zur Beseitigung der Diskriminierung der Frau; und der Termin für die Parlamentswahlen wurde um ein Jahr, auf Oktober 2011, vorgezogen. Bei alldem aber blieb klar, wer die Richtung bestimmte: Die Verfassungs-kommission und das Begleitgremium wurden von engen Ver-trauten des Königs geleitet; der Verfassungsentwurf wurde erst zur öffentlichen Diskussion gestellt, als der König ihn, Mitte Juni, in einer Rede präsentierte und um Zustimmung dafür warb. Nur zwei Wochen später, am 1. Juli, fand eine Volksabstimmung mit hoher Beteiligung statt, bei der die überwiegende Mehrheit der Bürger dem Entwurf ihres Kö-nigs zustimmte.[52] Die großen Parteien des Landes hatten für diese Zustimmung geworben. Der Bewegung des 20. Februar gingen die Veränderungen allerdings nicht weit genug, wes-halb sie zu einem Boykott des Referendums aufrief. Kritische Beobachter dagegen, die die Demokratiebewegung ansonsten unterstützten, sahen durchaus Vorteile in einer graduellen, von oben geführten Öffnung: Die dem Königshaus naheste-henden Parteien seien ohnehin so stark eingebunden und korrumpiert, dass von ihnen keine Veränderung zu erwarten sei, sagte mir kurz vor der Abstimmung ein marokkanischer Ökonom. Wichtig sei, dass die Richtung stimme und dass neue politische Kräfte die Chance erhielten, sich zu beteili-gen und allmählich Boden zu gewinnen.

Tatsächlich beinhaltet Marokkos neue Verfassung einige wesentliche Änderungen. Für den Zusammenhalt der Ge-sellschaft dürfte wichtig werden, dass erstmals die Sprache der Berber, Tamazight, neben dem Arabischen als offizielle Sprache anerkannt wird. Der König behält die Hoheit, stra-tegische Entscheidungen, insbesondere in Angelegenheiten der Sicherheit und der Religion, zu treffen; er bleibt das reli-giöse Oberhaupt der marokkanischen Muslime oder, dem Text zufolge, der »Befehlshaber der Gläubigen«, gilt aller-dings – im Unterschied zur alten Verfassung – nicht mehr als »heilig«. Wichtiger ist, dass der Regierungschef fortan aus der stärksten Parlamentsfraktion kommen soll, der König ihn also nicht mehr nach eigenem Gutdünken auswählen kann. Insgesamt werden die Rechte des Parlaments und der Regierung sowie die Unabhängigkeit der Justiz gestärkt.

Marokko ist damit keine konstitutionelle oder, wie die Marokkaner es nennen, »parlamentarische Monarchie« im europäischen Sinn geworden. Aber der König hat – unter Druck – ein wenig von seiner Macht abgegeben.

Syrien
Das Scheitern der Erbrepublik

In Syrien entzündeten sich die Proteste zunächst ebenfalls an lokalen Ereignissen. Diese hatten allerdings Signalwirkung, denn sie standen für vieles, was Syrer und Syrerinnen auch in anderen Orten und Provinzen jeden Tag erlebten: die Missachtung ihrer Würde, die Arroganz der Macht, die Korruption der Mächtigen. In Deraa, im Süden des Landes, wurden Mitte März 15 Jugendliche verhaftet. Diese hatten – offensichtlich von den Slogans der tunesischen und ägyptischen Revolution inspiriert – »Das Volk will den Sturz des Regimes« an eine Wand gepinselt. Nach der Festnahme der jungen Leute kam es zu einer ersten Demonstration. Die Sicherheitskräfte schossen in die Menge, es gab die ersten Toten; aus den Beerdigungen wurden neue Demonstrationen. Das regionale Hauptquartier der herrschenden Baath-Partei und die Residenz des Gouverneurs gingen in Flammen auf, eine Statue des früheren Präsidenten Hafiz al-Asad wurde vom Sockel gestürzt, die Sicherheitskräfte riegelten die Stadt ab, griffen die große Moschee an, in der sich Protestler verschanzt hatten, und es gab weitere Tote, die genaue Zahl bleibt unklar. Der Zorn der Menschen richtete sich zunächst auf den Gouverneur, der als besonders korrupt galt, und den

Chef der politischen Polizei, der die Verantwortung für den Umgang mit den eingesperrten Jugendlichen und den Demonstranten trug. Dass Präsident Bashar al-Asad den Gouverneur wenig später entließ, reichte nicht mehr, um den Zorn der Menschen zu besänftigen. Mittlerweile hatte sich der Protest in andere Städte des Landes ausgebreitet, vor allem auf die Industriestadt Homs und die Hafenstädte Banias und Latakia, mit ähnlichem Verlauf.

Syrien spielt nicht nur im Nahostkonflikt, sondern – auch wegen dieses Konflikts – in den politischen Auseinandersetzungen und Debatten der arabischen Welt eine wichtige Rolle. Es wird oft gesagt, dass es ohne Ägypten keinen großen Krieg zwischen den arabischen Staaten und Israel, ohne Syrien aber keinen arabisch-israelischen Frieden geben werde. In ähnlicher Weise gilt, dass der Sturz des alten Regimes in Ägypten den Aufstand in eine gesamtarabische Entwicklung verwandelt hat, von der alle Staaten betroffen sind. Erst ein Umbruch in Syrien aber würde die Waagschalen arabischer Politik vollends aus dem Gleichgewicht bringen, würde zeigen, dass die Revolution sich durchgesetzt hat, selbst wenn einige andere Staaten sich dagegen noch wehren. Immerhin ist Syrien die einzige arabische Republik, in der zu Anfang des Jahrhunderts ein dynastischer Machtwechsel vom Vater auf den Sohn vorexerziert worden ist, wie ihn Ägyptens Präsident Mubarak, Jemens Präsident Salih oder Libyens Qadhafi offensichtlich bis zum Beginn der Aufstände von 2011 noch planten. Syrien schien zu beweisen, dass ein solcher Generationswechsel ohne Regimewechsel möglich ist.

In Syrien gab man sich zunächst überzeugt, dass das eigene Land von der Welle der Proteste nicht betroffen würde, dass diese sich vielmehr allein gegen Regime richteten, die dem Westen und Israel gegenüber zu nachgiebig seien. Syrien, erklärte Präsident Asad Ende Januar in einem sehr selbstbewussten Interview mit dem *Wall Street Journal*, sei anders als Tunesien oder Ägypten. »Man muss sehr nah an den Überzeugungen des Volkes sein«, so Asad. In Syrien sei das der Fall; anders als Ägypten sei sein Land nicht von den USA abhängig; man führe einen Dialog mit der Bevölkerung und habe notwendige Reformen bereits eingeleitet. Dabei folge man aber der eigenen Agenda, nicht der des Westens.[53]

Tatsächlich begann der Aufstand in Syrien relativ spät. Im Februar gab es zwar erste über das Internet lancierte Aufrufe zu Demonstrationen in Damaskus, aber nur wenige Menschen kamen und wurden rasch von der Polizei auseinandergetrieben. Die Regierung ergriff eine Reihe von Maßnahmen, die zeigen sollten, dass sie sich kümmere: Heizöl wurde verbilligt, die Gehälter im Staatsdienst stiegen. Und, hier unterschied sich das syrische Vorgehen von dem einiger anderer arabischer Staaten, der Zugang zu Facebook, der zuvor unterbunden worden war, wurde plötzlich wieder freigeschaltet. Ob man glaubte, die junge Generation damit gewinnen oder sie besser kontrollieren zu können, mag offen bleiben. Sicher ist, dass das Regime die sozialen Medien seither selbst sehr aktiv nutzt, um zu zeigen, dass es Unterstützung genießt, oder um negativen Berichten und Meldungen die eigene Version entgegenzustellen. Auf Facebook und Youtube wurden jedenfalls unzählige Seiten und Filmbeiträge eingestellt, die für Asad Partei ergreifen.

Asad und sein Regime merkten zwar, wie intensiv die Bürger die Umstürze und Aufstände in anderen arabischen Staaten verfolgten, fühlten sich aus mehreren Gründen aber relativ sicher. Man betonte die Popularität des Präsidenten, setze zudem aber auf ein rigides Herrschaftssystem sowie auf die Angst vor einem Umbruch nicht nur bei Regimeloyalisten, sondern in großen Teilen der Bevölkerung.

In der Tat hatte Bashar al-Asad, der im Jahre 2000 nach dem Tod seines Vaters mit gerade einmal 34 Jahren an die Macht kam, es verstanden, sich als Alternative zu den alten, wenig inspirierenden Eliten der arabischen Welt zu inszenieren: als ein junger Staatschef, der ausspricht, was er denkt, der dem Westen und insbesondere den USA gegenüber Nein sagen kann, der den libanesischen und palästinensischen Widerstand gegen Israel unterstützt, der selbst zum Frieden mit Israel zwar bereit ist, ihn aber nur schließen würde, wenn dieser umfassend und gerecht wäre und Syrien das von Israel besetzte Territorium – die Golanhöhen – zurückbringen würde. Asad spielte gelegentlich auf den Generationenkonflikt in der arabischen Welt an, machte deutlich, dass er keine Belehrungen von den betagten Herrschern anderer arabischer Länder nötig habe, beleidigte diese auch schon mal gezielt: Nach dem Libanon-Krieg von 2006 etwa bezeichnete er sie in einer öffentlichen Rede als »halbe Männer«. In den arabischen Gesellschaften gewann er dadurch einige Sympathien, bei seinen Amtskollegen verständlicherweise nicht. Im eigenen Land, obwohl dies mangels entsprechender Umfragen oder echter Wahlen nicht wirklich messbar ist, dürfte er bis Anfang 2011 deutlich populärer gewesen sein als Husni Mubarak in Ägypten oder Ben Ali in Tunesien.

Doch die Syrer litten unter den gleichen Missständen wie die Bürger anderer arabischer Staaten. Das Regime ist repressiver, als es das ägyptische war, wirtschaftlich weniger erfolgreich als das tunesische. Junge Leute haben große Probleme, Arbeit zu finden; Einkommensungleichheiten und Korruption haben enorm zugenommen. Insbesondere Asads Cousin Rami Makhlouf, der in kürzester Zeit ein milliardenschweres Wirtschaftsimperium aufbauen konnte, wurde für die meisten Syrer zum Symbol der Korruption im engsten Umfeld des Präsidenten.

Im Ausland wird oft übersehen, dass Asad trotz seines modernen Auftretens all diejenigen im eigenen Land enttäuscht hat, die von ihm echte politische Reformen erwartet hatten. Er brachte eine Reihe von Maßnahmen auf den Weg, um die Wirtschaft zu liberalisieren und zu modernisieren: Es gibt heute, anders als zu Zeiten seines Vaters, mehr ausländische Investitionen, private Banken und eine Börse. Die Privatwirtschaft ist gegenüber dem Staatssektor gestärkt worden; der Ausbau des Internets wurde vorangetrieben; Handel und Kommunikation mit dem Ausland wurden erleichtert. Zwar gehen die Ölvorräte zur Neige und die landwirtschaftlichen Gebiete haben unter anhaltender Dürre zu leiden, aber die syrische Wirtschaft wuchs für einige Jahre deutlich, und das Pro-Kopf-Einkommen nahm nach Jahren der wirtschaftlichen Stagnation wieder zu. Asad erneuerte auch die personelle Basis des Regimes. Er schickte die meisten Mitglieder der »Alten Garde«, die Minister, Parteifunktionäre und Generäle seines Vaters, aufs Altenteil; einige befinden sich auch im Exil. In den wichtigen Positionen sind heute Leute, die ihm – dem Präsidenten – persönlich verbunden oder verpflichtet sind. Was ausblieb, waren politische Reformen. Zu Beginn seiner Amtszeit gab es eine kurze Phase der politischen Öffnung, in der überall im Land politische Salons und Debattierclubs entstanden. Dieser »Damaszener Frühling« währte ein knappes Dreivierteljahr. Dann wurden die Clubs verboten; Intellektuelle, die eine offene politische Debatte führen wollten, Menschenrechtsaktivisten und unabhängige Politiker wurden eingeschüchtert oder, wenn sie sich nicht einschüchtern ließen, zum Teil mehrmals unter fadenscheinigsten Vorwänden zu langjährigen Haftstrafen verurteilt.[54]

Asad erwies sich als Modernisierer, nicht als Reformer: Er erneuerte bestimmte Systemelemente, stützte sich aber weiter auf den Machtapparat, der das Regime seines Vaters getragen hatte. Dazu gehören die Baath-Partei, die laut Verfassung als »führende Partei in Gesellschaft und Staat« fungiert, vor allem aber das Militär und die Geheimdienste. Gerade in Krisenzeiten zeigt sich, dass die Sicherheitsorgane das wichtigste Herrschaftsinstrument des Regimes sind. Anders als in Ägypten sind die am besten ausgebildeten Einheiten des Militärs dem Regime, nicht dem Staat verpflichtet. Zur persönlichen Machtsicherung stützt Asad sich dabei auf Mitglieder der eigenen Familie und – nicht ausschließlich, aber in großem Umfang – auf Angehörige der Minderheit der Alawiten, einer mit dem schiitischen Islam verwandten Konfessionsgemeinschaft, die zwölf bis fünfzehn Prozent der Bevölkerung Syriens stellt. Das Kommando über entscheidende Teile der Sicherheitskräfte wie die Elitedivision der Armee, den militärischen und den Allgemeinen Geheimdienst liegt in der Hand engster Verwandter: eines Bruders, des Schwagers, eines Cousins.

Auch die Baath-Partei ist Teil des Herrschaftsapparats. Sie hat kaum noch politisch richtungsgebende Funktionen, sondern dient vornehmlich der sozialen Kontrolle, der Patronage und der Nachwuchsgewinnung für den Staatsdienst. Mehrfach, wenn das Regime sich innen- oder außenpolitisch unter Druck sah, wurde der Erlass eines Gesetzes angekündigt, das die Gründung neuer Parteien erlauben würde. Das Vorhaben wurde allerdings immer wieder vertagt. Es sei, erklärte mir ein Mitglied der Parteiführung noch im Herbst 2010, gerade keine gute Zeit dafür. Und selbst wenn man die Gründung neuer Parteien gestatte, werde man das Führungsmonopol der Baath-Partei nicht antasten. Auch als Asad im März 2011, in seiner ersten Reaktion auf die Proteste, die auch auf Syrien übergegriffen hatten, von Reformen sprach, erwähnte er wieder das Parteiengesetz. Es werde zu gegebener Zeit kommen. Kein Wunder, dass dies die Opposition nicht überzeugte.

Asads Regime konnte sich durchaus auf eine soziale Basis stützen, nicht nur in der Staatsbürokratie, im Militär, in der Partei und unter den Alawiten, sondern auch bei anderen religiösen Minderheiten, nicht zuletzt bei den Christen, die sich angesichts der laizistischen Grundhaltung des Regimes sicher fühlten. Vertreter der sunnitischen Mehrheitsbevölkerung bekennen sich ebenfalls zu Syriens traditioneller religiöser Toleranz. Sie sehen das sogar als Teil der syrischen Identität, beklagen aber, dass Angehörige der Minderheiten in Regierung und Sicherheitskräften überrepräsentiert sind. Nichtsdestoweniger hat das Regime auch hier seine Unterstützer. Viele erkennen vor allem an, dass Asad das eigene Land stabil gehalten hat, während der Nachbar Irak durch Krieg und interkonfessionellen Bürgerkrieg erschüttert wurde. Die Privatwirtschaft war mit der wirtschaftlichen Öffnungs- und Modernisierungspolitik ganz zufrieden, ein Teil gerade auch der sunnitischen Unternehmerschaft hat von engen Kontakten zur Regimespitze profitiert. Und insgesamt gab es in Syrien, das immer eine zentrale Rolle im arabisch-israelischen Konflikt gespielt hat, viel Sympathie für die selbstbewusste Haltung des Präsidenten Israel gegenüber, aber auch für seinen außenpolitischen Realismus. Letztlich schätzten viele Syrer Bashar wie vorher auch Hafiz al-Asad für das, was auch Israel an beiden geschätzt hat: dass sie sich zwar als harte, aber auch als verlässliche Gegner erwiesen haben. Denn bei aller Anti-Israel-Rhetorik hat Syrien den 1974 geschlossenen Waffenstillstand mit Israel zuverlässig eingehalten.

Das Regime konnte außerdem damit rechnen, dass ein großer Teil der Bevölkerung einfach Angst haben würde, und zwar nicht nur vor den Sicherheitskräften und der Härte, die das Regime im Umgang mit den friedlichen bürgerlicher Dissidenten zeigte, die einst auf Bashar al-Asad gesetzt hatten, sondern davor, dass ein Sturz Asads zu Chaos, zu konfessionellen Auseinandersetzungen, zu Bürgerkrieg oder zur Machtübernahme radikaler Kräfte führen könnte. Das Regime war durchaus daran interessiert, dass diese Mauer der Angst nicht fiel. Vertreter des Regimes warnten vor ausländischen Verschwörungen und »Projekten« zur Initiierung konfessioneller Auseinandersetzungen im Land.

Risse im Mauerwerk der Angst

Vermutlich ging man in der Regimespitze davon aus, dass sich lokale Proteste wie die, die Mitte März in Deraa begannen, durch einige Gesten des Entgegenkommens und, wo dies nicht half, durch massive Gewalt eindämmen oder unterdrücken lassen würden. Wie zuvor in Kairo und Tunis unterschätzte man auch in Damaskus die Tiefe der Missachtung, die dem Regime von einem großen Teil der Bevölkerung entgegenschlug, und die Bereitschaft von Teilen der jungen Generation, notfalls das eigene Leben für ihr Verständnis von Würde, Freiheit und Gerechtigkeit einzusetzen.

Gestürzte Statuen des alten Präsidenten, zerstörte Großposter von Bashar al-Asad, das waren Bilder, die man in Syrien noch nie gesehen hatte. Viele konnten sich das gar nicht vorstellen, und nicht wenige glaubten deshalb anfänglich, dass es sich dabei um Manipulationen handle. Dass sie echt waren, offenbarte auch, dass die junge Generation nicht mehr dieselbe Angst hatte wie ihre Eltern. In Syrien spielt die

Generationenfrage auch deshalb eine Rolle, weil die Älteren – die Generation Hafiz al-Asads – sich gut an die blutige Unterdrückung früherer Proteste erinnerten, insbesondere die Zerstörung der Stadt Hama, in der es 1982 zu einem Aufstand kam. Ob damals 5000, 10 000 oder gar 20 000 Menschen ihr Leben verloren, ist ungeklärt. Sicher ist, dass die Altstadt dieser Hochburg des syrischen Konservatismus von den Panzern der Spezialtruppen Rif'at al-Asads, des Bruders des damaligen Präsidenten, weitgehend dem Erdboden gleichgemacht wurde. Es gab sie später einfach nicht mehr. Die Frage, ob »Hama« sich wiederholen könne, wurde von den Älteren im vertrauten Kreis immer wieder gestellt. Die Jüngeren haben solche Erinnerungen nicht. Es sind Angehörige der unter Bashar al-Asad sozialisierten Generation, die gegen ihn, den immer noch jungen Präsidenten, revoltieren. Ihr Protest bedient sich zum Teil zumindest der Mittel – etwa des Internets –, die erst unter seiner Herrschaft verfügbar wurden, ja deren Verbreitung er als Teil seiner Modernisierungsagenda aktiv gefördert hat. Und die Revolte der Jungen ist auch in Syrien zumindest zum Teil eine Revolte gegen die patriarchalischen Verhältnisse zu Hause. Als Ende März die ersten größeren Proteste in Homs ausbrachen, versuchten ältere Gläubige vergeblich, die Jungen davon abzuhalten, sich nach dem Freitagsgebet in der großen Khalid-bin-Walid-Moschee einem Protestzug auf dem Platz vor der Moschee anzuschließen.[55]

Im Vergleich zur älteren Generation herrscht bei der Jugend viel weniger Furcht vor konfessionellen Konflikten oder einer Konfessionalisierung der Auseinandersetzung. In gewisser Weise sind sie eben die Generation Bashar al-Asads, der im Gegensatz zu seinem Vater nicht mehr zu den Aufsteigern aus der ärmlichen Bergregion an der Küste gehört, sondern eine neue urbane Generation von Alawiten repräsentiert, die in der städtischen Gesellschaft »angekommen« ist. Viele der besser gebildeten, politisch wachen und skeptischen Jugendlichen sehen in der Betonung konfessioneller Unterschiede ein Anliegen ihrer Eltern – und der Politik des Regimes. Sie sind sich ihrer konfessionellen Zugehörigkeit bewusst, betonen aber, dass sie alle, ob Sunniten, Alawiten, Drusen, Ismailiten oder Christen, doch in erster Linie Syrer seien und in einem Boot sitzen. Das heißt nicht, dass konfessionelle Gegensätze sich nicht schüren lassen, wenn der Konflikt eskaliert.

Asad gehört einer anderen Generation an und ist anders sozialisiert worden als die Mubaraks, Ben Alis, Qadhafis und Salihs. Aber die »Jugend des Präsidenten«, so schrieb ein syrischer Oppositioneller, hat »das fortgeschrittene Alter des Regimes« nur versteckt.[56] Die Reaktionen des Regimes auf die Proteste zeigten dies in ungeschminkter Weise. Als Asad Ende März, zwei Wochen nach dem Beginn des Aufstands in Deraa, eine Rede im Parlament hielt, wurde dies zu einer Inszenierung, die an die düstersten Zeiten der Herrschaft seines Vaters erinnerte: Der Präsident sprach von Reformen, die zu gegebener Zeit umgesetzt würden, und davon, dass man sich gegen eine große ausländische Verschwörung zu wehren habe. Die Abgeordneten skandierten Jubelverse, die zu Hafiz al-Asads Zeiten mit dessen Namen zum Repertoire von Massenveranstaltungen gehört hatten: »Mit unserer Seele, unserem Blut, verteidigen wir dich, Bashar!«

Einige Wochen später ließ Asad offiziell den seit fast einem halben Jahrhundert geltenden Ausnahmezustand aufheben. Das hielt die Sicherheitskräfte aber nicht davon ab, mit weiter zunehmender Gewalt gegen die Proteste vorzugehen. Während es in der Hauptstadt Damaskus und in der zweitgrößten Stadt des Landes, Aleppo, nur vereinzelt zu kleineren Demonstrationen kam, erfassten die Proteste zahlreiche Provinz- und Kleinstädte. Von März an erlebte Syrien einen

Zyklus ständig zunehmender Gewalt: Jeder Freitag wurde zu neuen Protesten genutzt, die mit massivem staatlichem Gewalteinsatz beantwortet wurden – mal durch die Aktionen bewaffneter, milizähnlicher Banden, mal durch Armeeblockaden und Artilleriebeschuss gegen aufständische Wohnviertel. Bis Ende August wurden dabei nach Angaben der Vereinten Nationen über 2200 Menschen getötet; von mehr als 20 000 Festgenommenen verblieben mehr als 12 000 in Haft.

Aus vielen der oben genannten Gründe blieb die Opposition in Syrien lange Zeit schwächer als entsprechende Bewegungen in Tunesien oder Ägypten. Es gelang zunächst eben nicht, die Auseinandersetzung in die Hauptstadt zu tragen oder eine gemeinsame Führungsstruktur zu entwickeln und die lokalen Protestbewegungen miteinander und mit den weithin respektierten, aber streng überwachten älteren bürgerlichen Dissidenten in Damaskus zusammenzubringen. Erst im Laufe von einigen Monaten bildete sich eine recht effektive, geheim operierende Struktur lokaler »Koordinationskomitees der syrischen Revolution« heraus. Die meisten Proteste fanden aber weiterhin in kleineren Provinzstädten sowie zunehmend in den wichtigen zentralsyrischen Großstädten Hama und Homs statt. Damaskus und Aleppo, so schien es, warteten ab. Die Einwirkungsmöglichkeiten der im Ausland lebenden Opposition blieben begrenzt, obwohl es den Exilsyrern im Juni bei einer Konferenz im türkischen Antalya gelang, alle glaubwürdigen Oppositionsgruppen auf eine gemeinsame demokratische Agenda zu verpflichten.

Was sich im Land entwickelte, war eine Art Abnutzungsaufstand, der über Monate anhielt. Die Aufstandsbewegung wuchs stetig, aber sehr langsam. Sie forderte das Regime heraus, ohne einen Machtwechsel auf den Weg bringen oder wenigstens Spaltungen in den Reihen des Regimes auslösen zu können. Das Regime demonstrierte Geschlossenheit. Der

Präsident entließ zwar einige Mitglieder seines Kabinetts, darunter den Verteidigungsminister, dem er offensichtlich nicht traute, seinen Kurs bis zum Ende zu unterstützen, denn einige Vertreter der Opposition hatten ihrer Hoffnung Ausdruck gegeben, dass der Minister, ein angesehener, professioneller Offizier, mit Teilen der Armee dem ägyptischen Beispiel folgen und dem Präsidenten die Loyalität aufkündigen würde. Doch kein Botschafter oder Minister trat von sich aus zurück, und im Militär kam es nur allmählich zu einer größeren Zahl von Befehlsverweigerungen oder Desertationen.

Das Regime war allerdings auch nicht in der Lage, den Aufstand politisch einzufangen, regional einzudämmen oder wirklich niederzuschlagen. Anstatt die Menschen abzuschrecken und von weiteren Protesten abzuhalten, heizten Akte brutaler Gewalt die Revolte weiter an. Regional und international geriet Damaskus zunehmend in die Isolation. Die türkische Regierung, die lange versucht hatte, Syrien durch Angebote der Zusammenarbeit zu inneren Reformen zu ermuntern, ging auf Distanz; die USA und die Europäische Union verhängten Sanktionen gegen die Regimespitze. Anfang Juni kündigte Asad zwar eine zweite Amnestie sowie den Beginn eines nationalen Dialogs an, aber da schien der Punkt, an dem eine Rückkehr zur Stabilität oder zu einem vom Regime geführten Reformprozess noch möglich war, bereits überschritten. In der Stadt Hama gingen erstmals wohl mehr als 100 000 Menschen auf die Straße; die Auseinandersetzungen eskalierten weiter. In Jisr al-Shughur, einer kleinen Stadt nahe der türkischen Grenze, verübten Einheiten der Armee und Milizen des Regimes offenbar ein regelrechtes Massaker; gleichzeitig scheint es zu ersten Meutereien und Gefechten innerhalb der Streitkräfte gekommen zu sein, als ein Teil der Soldaten sich weigerte, den Befehlen Folge zu leisten. Sicher ist, dass innerhalb weniger Tage mehr als 10 000 Menschen aus der Stadt und den umliegenden Gebieten in die Türkei flohen, die ihre Grenze offen hielt.

Es ist schwer zu sagen, wann das Ende eines Regimes wirklich beginnt. Isolation ist ein Indiz. Dass die Exilführung der palästinensischen Hamas, die jahrelang in Damaskus Schutz und Unterstützung erhalten hatte, sich schon im Mai nach einer neuen Basis umsah, ließ sich als Menetekel verstehen. Andererseits schien es, als ob das Ende sich lang hinziehen und blutig verlaufen würde. Einen solchen Eindruck vermittelten auch die düsteren Warnungen, die Rami Makhlouf, der Oligarchencousin des Präsidenten, gegenüber einem amerikanischen Reporter ausstieß: Das Regime, ließ er wissen, werde bis zum Ende kämpfen, und das werde Konsequenzen haben, auch für die Stabilität Israels.[57]

Dass das Regime bereit sein könnte, größere äußere Konflikte zu provozieren, um von den inneren Schwierigkeiten abzulenken, zeigte sich am 15. Mai und am 5. Juni 2011, den Jahrestagen der arabischen Niederlagen in den Kriegen von 1948 und 1967. An beiden Tagen ließ man größere Gruppen junger Leute aus den palästinensischen Flüchtlingslagern – faktisch seit 1948 gewachsenen Stadtteilen von Damaskus – an die sonst auch von syrischer Seite gut kontrollierte Waffenstillstandslinie auf dem Golan ziehen. Als einige von ihnen versuchten, den Zaun zu überwinden, schoss die israelische Armee. Es gab Tote. Diese Aktionen lösten in Israel erhebliche Zweifel aus, ob Asad der verlässliche Feind bleiben würde, als der er – wie sein Vater – immer gegolten hatte: ein Gegner, der sich allerdings an einmal geschlossene Verträge gebunden fühlte und eben auch die Front auf dem israelisch besetzten Golan ruhig hielt. Und in den überwiegend von palästinensischen Familien bewohnten Stadtteilen von Damaskus kam es zu Protesten gegen die Organisationen, die die jungen

Männer, die nun in Särgen nach Hause kamen, zu dem politischen Abenteuer auf dem Golan überredet hatten.

Von Ende Juni an schien das Regime immer größere Teile der Bevölkerung zu verlieren. Ab Mitte Juli kam es regelmäßig auch in Vororten und einzelnen Stadtteilen von Damaskus zu Demonstrationen. Überall im Land gewannen die Proteste an Umfang. An den Freitagen gingen nun mehrere Hunderttausend auf die Straße, an einzelnen Wochenenden nach Angaben der Demonstranten landesweit über eine Million. Die meisten Proteste blieben friedlich. Aber es gab auch Übergriffe auf Soldaten und Polizisten. In den ersten fünf Monaten des Aufstands dürften auch einige hundert Angehörige des Militärs und der Sicherheitskräfte ums Leben gekommen sein – zum Teil wohl durch Anschläge, in anderen Fällen wurden Soldaten, die sich weigerten, auf ihre Mitbürger zu schießen, hingerichtet. Was im Einzelfall wahr, was falsch ist, lässt sich kaum klären. Das Regime beklagte sich immer wieder über eine voreingenommene Berichterstattung arabischer und internationaler Medien, ließ aber ausländische Journalisten von wenigen Ausnahmen abgesehen gar nicht erst ins Land.

In der Stadt Homs kam es über einige Tage zu bewaffneten Auseinandersetzungen zwischen zivilen Anhängern und Gegnern des Präsidenten; die Spannungen zwischen benachbarten Dörfern mit sunnitischer und solchen mit alawitischer Bevölkerung nahmen zu. Das Regime nutzte sein Militär, um kleinere Städte oder Stadtviertel in Großstädten wie Homs zeitweise regelrecht zu besetzen. Andere Städte wie Hama wurden für einige Wochen sich selbst überlassen, aber unter Belagerung gestellt. In dieser Zeit wurde Hama so etwas wie eine befreite Enklave, die demonstrierte, dass Recht und Ordnung eben nicht zusammenbrachen, wenn Armee und Sicherheitsdienste sich zurückzogen. Die Welle von Verhaftungen hielt an, mehrfach wurden in einzelnen Städten oder Stadt-teilen nahezu alle jungen Männer festgenommen. Überall wurde von Folter berichtet, und manche Gewalttat schien öffentlich inszeniert zu werden, um Schrecken zu verbreiten. So fanden die Einwohner der Stadt Hama einen Barden ihrer Revolte, den jungen Dichter Ibrahim Kashush, eines Morgens mit durchschnittener Kehle im Fluss.

Neben den Versuchen, den Aufstand niederzuschlagen, setzte die syrische Führung immer wieder halbherzig dazu an, die Lage politisch zu entspannen. So erlaubte das Regime Ende Juni einer Gruppe von Dissidenten, sich in Damaskus in einem Hotel zu versammeln. Wenig später lud der Vize-präsident ausgewählte Persönlichkeiten zu einem »Nationa-len Dialog« ein, der aber zu einer Unterhaltung von Regime-repräsentanten mit Teilen seiner eigenen Basis und einigen seit Jahren geduldeten Kritikern aus dem universitären und gewerkschaftlichen Bereich wurde. Ende Juli verkündete die Regierung das so lange versprochene Parteiengesetz. Dies war ein typischer Fall von Zu-wenig-und-zu-spät, denn Partei-gründungen sollten dem Gesetz nach nur erlaubt sein, wenn die neuen Parteien die Verfassung – mit dem darin festgeleg-ten Machtmonopol der Baath-Partei – anerkannten. Kein Wunder, dass dies die Proteste nicht eindämmen konnte.

Von August an setzte das Regime immer stärker auf mi-litärische Gewalt und verlor damit rasch, was ihm noch an regionaler und internationaler Legitimität geblieben war. So begann am Wochenende vor dem Ramadan die blutige Wiedereroberung der Stadt Hama. Erst wurden Strom und Wasser abgestellt, dann rollten die Panzer ein, einzelne Stadtviertel wurden stundenlang beschossen. Nach Berich-ten von Menschenrechtsorganisationen starben in wenigen Tagen über hundert Bürger durch den Beschuss.

Bemerkenswert am syrischen Aufstand war vor allem,

dass er trotz der hohen Gewaltbereitschaft und der Geschlossenheit des Regimes über so viele Monate anhielt und dass die Zahl derer, die ihren Protest auf die Straße trugen, trotz Tausender Getöteter und Gefangener nicht geringer wurde. Auch wenn das Regime Telefon und Internet kontrollierte, gelang es den lokal organisierten Protestgruppen, sich Woche für Woche neu abzustimmen, ihre Demonstrationen in unterschiedlichen Landesteilen unter das gleiche Motto zu stellen, ihre Nachrichten an die internationale Öffentlichkeit zu bringen. Die Syrer hatten ihre Angst verloren. Das Regime konnte Städte wie Homs, Deir al-Zur, Deraa oder Banias belagern, Hama erobern und besetzen, einige Tage lang sogar die Hafenstadt Latakia durch die Kriegsmarine beschießen lassen, Proteste in diversen Kleinstädten blutig niederschlagen. Aber es konnte bald nicht mehr genügend Sicherheitskräfte aufbieten, um die Proteste überall im Land zur gleichen Zeit zu unterdrücken. Teile der Streitkräfte galten in dieser Hinsicht nicht als zuverlässig. Asad stützte sich auf die von seinem Bruder Maher geführte Elitebrigade und andere, neu zusammengestellte Einheiten von – wie die Syrer sagten – »Loyalisten«, die im ganzen Land zum Einsatz kamen: Schätzungen zufolge nicht viel mehr als 50 000, allerdings gut bewaffnete Männer[58] aus einer geschätzten Gesamtzahl von bis zu 500 000 Angehörigen des Sicherheitsapparats. Von Herbst an kam es zu immer mehr Desertationen, und immer öfter stellten desertierte Soldaten sich auf die Seite des Protests. Große Teile der Armee standen allerdings an den Grenzen zum Irak und zur Türkei – oft unterversorgt, schlecht ausgerüstet und kaum in der Lage, etwa einen Marsch auf Damaskus zu starten.

Spätestens gegen Ende des Sommers war klar, dass das Regime nicht mehr gewinnen konnte. Auch wenn es keinen Coup gegen Asad geben sollte, auf den zumindest Teile der

Opposition hoffen, keinen Abgang Asads unter dem Druck der Proteste, ja wenn es dem Regime gelingen sollte, die Proteste mit militärischer Gewalt niederzuschlagen – es würde gleichwohl verlieren. Das Land wäre isoliert und würde dies auch auf absehbare Zeit bleiben. Anfang August erklärte der saudische König Abdullah, dass inakzeptabel sei, was in Syrien geschehe. Die im Menschenrechtsrat der Vereinten Nationen vertretenen arabischen Staaten stimmten einer Resolution zu, die das syrische Regime wegen der Gewalt verurteilte, die es gegen seine Bürger anwandte. Selbst der Außenministerrat der Arabischen Liga beschäftige sich Ende August in einer Sondersitzung mit der Lage in Syrien und forderte die Regierung in Damaskus auf, das Blutvergießen zu beenden. All dies zeigt, wie sehr sich Syrien auch in der arabischen Staatengemeinschaft isoliert hatte, die Menschenrechtsverletzungen in Mitgliedsstaaten in der Vergangenheit immer als innere Angelegenheit des entsprechenden Bruderlandes behandelt hatte.

Es gibt Staaten, die eine weitgehende regionale und internationale Isolation über Jahre aushalten können. Syrien gehört nicht dazu. Es lebt wirtschaftlich, kulturell und politisch vom Austausch mit seinen Nachbarn, ist auch historisch immer ein Ort des Transits, des Handels und des Kontakts gewesen. Syrische Regierungen beziehen einen großen Teil ihrer Legitimität aus der Position des Landes in der arabischen Staatengemeinschaft. Syrien kann nicht den Weg Nord-Koreas gehen, nicht einmal den Libyens in den neunziger Jahren des 20. Jahrhunderts, das weitgehend isoliert war, aber genügend Öl exportierte, um wirtschaftlich zu überleben.

Die Wirtschaft Syriens stürzte seit Beginn der Proteste ins Bodenlose. Asad selbst sprach im Juni, in seiner dritten Rede im Verlauf der Ereignisse, von der Gefahr eines ökonomischen Zusammenbruchs. Je länger die Proteste andauern und je mehr Syrien isoliert wird, desto tiefer wird die Wirtschaft hinabsinken: Ausländische Investitionen werden genauso ausbleiben wie ausländische Touristen, Handel und Produktion weiter zurückgehen, die Währung weiter verfallen, die Arbeitslosigkeit weiter zunehmen. Womit dann auch die soziale Unzufriedenheit weiter wachsen und der Boden für anhaltende Proteste bereitet würde.

Kein Staat ist immun – jedenfalls nicht ganz

Tunesien und Ägypten, Bahrain, Jemen, Libyen und Syrien wurden von der Welle politisch-gesellschaftlichen Drucks, die sich seit Anfang 2011 über die arabische Welt ausbreitete, voll erfasst. Marokko veränderte sich zumindest ein Stück weit. Aber der Druck war auch in anderen arabischen Ländern zu spüren, wenngleich bislang nicht in gleichem Umfang und in sehr unterschiedlichem Maße: Einige dieser Staaten erlebten zwar unruhige Zeiten; Forderungen nach politischer Veränderung schienen aber keine besondere Priorität zu haben. Andere schafften es, Proteste abzufangen, obwohl diese sich in ihren Forderungen kaum von denen unterschieden, die in Tunesien und Ägypten am Anfang eines schließlich revolutionären Umbruchs gestanden hatten. Nur in den zwei reichsten Staaten ließ sich – bisher jedenfalls – von einer Herausforderung durch Bürgerproteste gar nicht sprechen.

Andere Prioritäten

Zur ersten dieser drei Gruppen von Staaten lassen sich der Sudan, der Irak, Libanon und in gewisser Weise auch der entstehende palästinensische Staat rechnen. Bei allen Unterschieden zwischen diesen Ländern gilt, dass sie sämtlich vorrangig von Auseinandersetzungen innerhalb der herrschenden Machtelite oder von anderen externen und internen sicherheitspolitischen Herausforderungen in Atem gehalten wurden, die jegliche politischen Reformforderungen in den Hintergrund drängten.

Der Sudan, ohnehin eher am Rande des arabischen Geschehens, erlebte 2011 nicht nur periodisch wiederkehrende Bürgerkriegsauseinandersetzungen in Darfur und anderen Provinzen, sondern am Ende eines langen Friedensprozesses zwischen dem mehrheitlich arabischen Norden und dem afrikanischen Süden des Landes ein Referendum über die Sezession des Süd-Sudan und dessen Entstehung als unabhängiger Staat. Dies verursachte genügend politischen Stress in Khartum, der Hauptstadt des nun um ein Drittel kleiner gewordenen Landes. Teile der politischen Eliten beschuldigten den Präsidenten Omar al-Bashir, den Süden ohne Not aufgegeben zu haben. Kleinere Demonstrationen an der Universität in Khartum, die sich an den Protesten in Tunis und Kairo orientierten, fielen da kaum auf. Den Oppositions- und Widerstandsbewegungen in Darfur und anderen marginalisierten Provinzen ging es eher um das Verhältnis von Zentrum und Peripherie sowie ihre eigene Beteiligung an der Macht als um Bürgerrechte und politische Freiheiten. Und wenn der Präsident versprach, 2015, beim nächsten regulären Wahltermin, nicht wieder anzutreten, so war das weniger dem Druck einer Jugend- oder Demokratiebewegung geschuldet als echter Amtsmüdigkeit und dem Interesse der gesamten Führung, den Sudan endgültig aus der internationalen Isolation herauszumanövrieren. Schließlich ist Bashir wegen des Bürgerkriegs in Darfur vor dem Internationalen Strafgerichtshof angeklagt und zunehmend zu einer Belastung in den Außenbeziehungen geworden.

Im Irak gab es dagegen schon von Februar an eine Reihe von Protesten, die sich der Form und dem Inhalt nach an den Ereignissen in Tunesien und Ägypten orientierten. Auch hier richtete sich der Protest gegen Korruption und autoritäres Verhalten der Regierenden. Parlament und Regierung im Irak sind zwar aus freien Wahlen hervorgegangen, neigen aber zum Machtmissbrauch und haben sich kaum als kompromissfähig erwiesen. Die Proteste wurden zum Teil von unabhängigen Gewerkschaften getragen und trugen entsprechend sozial- und wirtschaftspolitische Forderungen vor.[59] Darüber hinaus aber entstand keine nationale Bewegung mit landesweiter Agenda, vielmehr richtete sich der Protest vorwiegend gegen die Mächtigen vor Ort: gegen Provinzgouverneure sowie gegen die kurdische Regionalregierung im autonomen Irakisch-Kurdistan. Gleichzeitig war das Land eben auch mit anderen Themen und Problemen beschäftigt: Der Abzug der amerikanischen Kampftruppen im Sommer 2010 hatte dokumentiert, dass der Irak-Krieg zu Ende war, für die USA jedenfalls. Entscheidende politische und sicherheitspolitische Fragen blieben aber ungelöst. Es gab weiterhin blutige Anschläge von al-Qaida oder anderen Gruppen; die politisch sehr sensible Frage einer fortgesetzten Stationierung eines Restbestandes amerikanischer Truppen nach 2011 spaltete die regierungstragenden Parteien. Und für viele Iraker war unklar, ob die eigenen Politiker ohne die Hilfe der USA in der Lage sein würden, innere Konflikte wie die Auseinandersetzungen zwischen den kurdischen Parteien und der Zentralregierung um die Zugehörigkeit des ölreichen Gebiets von Kirkuk friedlich auszutragen.[60]

Die Entwicklungen im Libanon und in den palästinensischen Gebieten standen in besonderer Weise im Schatten des Nahostkonflikts und, was den Libanon betrifft, der Lage in Syrien. Der Libanon hat zwar keine perfekte, aber eine fest verankerte parlamentarische Demokratie mit einem konfessionell definierten Arrangement zur Teilung der Macht. Die große Bereitschaft libanesischer Politiker, sich von außen gegen ihre inneren Gegner stärken zu lassen, erlaubt den syrischen Nachbarn allerdings weiterhin erheblichen Einfluss, und die anhaltend hohe Spannung an der israelisch-libanesischen Grenze hält die Furcht aufrecht, dass die schiitische Hizbullah (»Partei Gottes«) – einerseits eine libanesische Partei, die maßgeblichen Einfluss in der Regierung hat, andererseits eine schwer bewaffnete, eng mit Syrien und Iran verbundene Parteiarmee – neue militärische Auseinandersetzungen mit Israel provozieren könnte.

Der Libanon hat sich immer schon durch eine liberale politische Kultur und eine freie, selbstbewusste Presse ausgezeichnet. Eine aktive Bürgerbewegung griff nach Beginn der Revolutionen in Tunesien und Ägypten deren Slogans auf, passte diese aber libanesischen Verhältnissen an: »Das Volk will den Sturz des konfessionalistischen Systems«, hieß es etwa, um die Forderung nach einer säkularen Verfassung mit einer Demokratie auszudrücken, die die Bürger nicht nach ihrer konfessionellen Zugehörigkeit einteilt. Gleichzeitig schaute man seit dem Frühjahr mit neuer Sorge nach Syrien. Zahlreiche Syrer flohen inzwischen vor der Gewalt in grenznahen Gebieten in den Libanon. Dort fürchtete man, dass mit ihnen der innersyrische Konflikt über die Grenze kommen oder das syrische Regime versuchen könnte, die Lage im Libanon gezielt zu destabilisieren. Zusammenstöße zwischen alawitischen und sunnitischen Einwohnern im nordlibanesischen, politisch und gesellschaftlich eng mit Syrien verbundenen Tripolis stellten hier ein Warnzeichen dar.

Gleichzeitig zeigte sich erneut, wie leicht der Libanon in den Sog eskalierender israelisch-palästinensischer oder israelisch-syrischer Auseinandersetzungen geraten kann. Am

15. Mai 2011, dem Tag, der in Israel als Unabhängigkeitstag, bei den Palästinensern als Tag der Niederlage begangen wird, folgten auch im Libanon wie in Syrien zehntausende dort als Flüchtlinge lebende Palästinenser Aufrufen, die auch im Internet verbreitet wurden: Sie sollten Israel in ähnlicher Weise herausfordern, wie die Bevölkerung in Tunesien und Ägypten dies mit ihren Regierungen gemacht hatte, und zur libanesisch-israelischen Grenze ziehen. Die libanesische Armee schaffte es nicht, die unbewaffneten Massen von der Grenze fernzuhalten. Die israelische Armee schoss scharf, als einzelne Demonstranten versuchten, den Grenzzaun zu überwinden. Am Ende waren zehn Demonstranten tot.

Die palästinensischen Gebiete sind der Form nach ein demokratisches Gemeinwesen, das um seine Unabhängigkeit und Staatswerdung noch kämpft. Nachdem bei den letzten, auch nach dem Urteil ausländischer Beobachter freien und fairen Parlamentswahlen im Jahre 2006 die islamistische Hamas die Mehrheit der Sitze erhielt, zerfiel der Nochnicht-Staat bald in zwei nicht nur durch die israelische Abriegelungspolitik voneinander separierte Gebiete: den von der Hamas regierten Gazastreifen und die Westbank unter der Regierung von Präsident Mahmoud Abbas und seiner Fatah. Das Hauptinteresse der internationalen Gemeinschaft besteht darin, dass der stagnierende Friedensprozess wiederaufgenommen und nach Möglichkeit durch die Entstehung eines unabhängigen palästinensischen Staates an der Seite Israels zu Ende gebracht wird. Bemühungen der amerikanischen Regierung, wenigstens wieder Verhandlungen auf den Weg zu bringen, scheiterten vor allem an der mangelnden Bereitschaft der Regierung von Benjamin Netanjahu, den weiteren Ausbau israelischer Siedlungen in den besetzten Gebieten zu stoppen und die Grenzen von 1967 als Grundlage einer Verhandlungslösung anzuerkennen.

In Israel betrachtete man die Umwälzungen in der arabischen Umwelt insgesamt mit Sorge, fürchtete aber vor allem, dass die Palästinenser sich durch den arabischen Frühling ermutigt fühlen könnten, eine neue friedliche *Intifada* gegen die israelische Besatzungsmacht zu beginnen. Tatsächlich ließen junge Palästinenser sich von den Revolutionen in Tunesien und Ägypten inspirieren, forderten damit zunächst aber Fatah und Hamas heraus. In beiden Teilen der Gebiete waren zunehmend autoritäre Methoden zur Anwendung gekommen; auch hier standen deshalb Forderungen nach Würde, Freiheit, Gerechtigkeit und einem Ende von Korruption und unkontrollierter Machtausübung im Vordergrund. Insbesondere die Hamas-Regierung in Gaza hatte die Blockade durch Israel und Ägypten auch genutzt, um ihre eigene Herrschaft auszubauen und abweichende Stimmen sowie Elemente gesellschaftlicher Pluralität einzuschränken. Insofern verwunderte es nicht, dass sowohl die Hamas-Regierung wie die von der Fatah dominierte Palästinensische Autorität in Ramallah Solidaritätsdemonstrationen mit den Protestbewegungen in Tunesien und Ägypten zunächst verbieten und auflösen ließen. Vor allem die Hamas fühlte sich durch eine von jungen Leuten aus Gaza lancierte Facebook-Seite provoziert, die in kürzester Zeit regen Zulauf erhielt. Die Autoren wünschten Israel, die Hamas und die internationale Gemeinschaft gleichermaßen zum Teufel, verurteilten Israels Besatzungs- und Blockadepolitik und die Menschenrechtsverletzungen durch die Hamas in einem Atemzug und ließen wissen, dass sie schlicht frei sein und ein normales Leben führen wollen.[61]

Aber nicht nur die Legitimität der Hamas-Regierung wurde angegriffen. Im Frühjahr gerieten die beiden palästinensischen Regierungen zunehmend unter den Druck einer ganz offensichtlich von den regionalen Entwicklungen inspirierten Öffentlichkeit. Statt den Sturz des Systems forderten die Demonstranten hier allerdings ein Ende der politischen Spaltung zwischen Westbank und Gazastreifen. Tatsächlich ist dies die Voraussetzung dafür, dass eine palästinensische Regierung in zukünftigen Verhandlungen glaubhaft vertreten kann, das gesamte palästinensische Volk zu repräsentieren.

Auch hier trat ein Generationenkonflikt zutage. Die Organisatoren der Proteste waren überwiegend junge Leute in den Zwanzigern, die die Machtkonflikte der alten Eliten, ob diese nun zu Hamas oder zu Fatah gehörten, leid waren. Sie fühlten sich offenbar nicht mehr durch die Generationen vertreten, die die *Intifadas*, die Aufstände gegen die israelische Besatzungsherrschaft von 1987 und von 2000, geleitet hatten und zum Teil in die Apparate der Palästinensischen Autorität aufgestiegen waren. Die Jugendbewegung von 2011 hatte sich keineswegs mit der fortwährenden Besetzung oder Blockade der palästinensischen Gebiete durch Israel abgefunden, war aber nicht mehr bereit, den eigenen politischen Führern die von ihnen verursachten Missstände mit Verweis auf den unabgeschlossenen Friedensprozess oder den Kampf gegen Israel durchgehen zu lassen. Der unerwartet starke, friedliche Protest gegen die Autoritäten in beiden Gebietsteilen zeigte vielleicht mehr Wirkung, als die Organisatoren selbst ursprünglich erwartet hatten: Er zwang die Führungen von Fatah und Hamas, miteinander zu sprechen, um die Glaubwürdigkeit bei der jeweils eigenen Basis nicht zu verlieren, und schließlich Anfang Mai in Kairo ein Versöhnungsabkommen zu unterzeichnen, das die Bildung einer Regierung parteiunabhängiger Fachleute und Neuwahlen ein Jahr darauf vorsah. Präsident Abbas und die Hamas-Führer zeigten sich dann allerdings noch über Monate unfähig oder unwillig, die zur Bildung einer Regierung notwendigen personellen

Kompromisse einzugehen. Dabei galt zumindest für Abbas, dass er von zwei Seiten unter Druck stand: Einerseits verlangte ein überwiegender Teil der palästinensischen Öffentlichkeit, das Versöhnungsabkommen umzusetzen. Andererseits hatte die israelische Regierung ausgesprochen feindlich auf das Abkommen reagiert und deutlich gemacht, dass sie mit einer palästinensischen Regierung unter Beteiligung der Hamas nicht verhandeln werde. Diese Haltung wurde zudem vom amerikanischen Kongress unterstützt. Die Europäer reagierten zurückhaltend – sie akzeptierten die palästinensische Versöhnung, unternahmen aber auch keine Schritte, um eine Umsetzung des Abkommens zu erleichtern. Faktisch wurden die kompromissunwilligsten Kräfte bei Hamas und Fatah, die kein Interesse daran haben, ihre jeweilige Dominanz über Teile der Gebiete aufzugeben und den Weg für Neuwahlen freizumachen, damit in ihrer Haltung bestärkt.

Revolutionen ausgesetzt

Auch Algerien und Kuwait, Jordanien, Oman und Saudi-Arabien erlebten ihren Teil an Protesten im Kontext des arabischen Frühlings. Dieser blieb allerdings bisher unterhalb der Schwelle einer ernsthaften Bedrohung der jeweiligen politischen Systeme. Die Regime schafften es, den Protest mit der Flexibilität, die das jeweilige System erlaubte, oder mit einer Kombination aus repressiven Maßnahmen und Zugeständnissen aufzufangen.

Algerien ist unter diesen Ländern das einzige mit einem republikanischen System. Präsident und Parlament werden hier mittlerweile regelmäßig und durchaus mit echter Konkurrenz gewählt. Allerdings ist das Militär die ultimative

Entscheidungsinstanz geblieben. Das Land ist viel mehr Gewalt gewohnt und wohl auch zu tolerieren bereit als seine Nachbarn. Seit dem Ende des Bürgerkriegs, den Algerien in den neunziger Jahren durchlitt, hat es immer wieder auch gewaltsame Jugendproteste gegeben, meist sehr allgemein gegen das, was die Algerier *al-hogra* nennen, frei übersetzt: die Arroganz der Macht.

Parallel zu den Ereignissen in Tunesien regten sich in Algerien bereits Ende 2010 ebenfalls Proteste. Auch hier standen arbeitslose Jugendliche und Jungakademiker im Vordergrund; im Januar verbrannten sich sogar mehrere Jugendliche. Die algerische Regierung reagierte darauf zunächst mit Verordnungen zur Begrenzung von Lebensmittelpreisen, versprach Gehaltserhöhungen für den öffentlichen Dienst und die Polizei und auch finanzielle Unterstützung für Arbeitslose, die ein eigenes Unternehmen gründen wollen. Das Regime nutzte dabei die starke regionale und politische Fragmentierung der Gesellschaft und der Opposition und versuchte, wie Karim Aimeur, ein junger Demokratieaktivist des *Mouvement de la jeunesse independante pour le changement* (MJIC) einem britischen Journalisten erklärte, mit jeder gesellschaftlichen Gruppe einzeln umzugehen und so zu verhindern, dass die einzelnen Auseinandersetzungen »zu einer zusammenschmelzen« und das ganze Machtgefüge herausfordern.[62] Allerdings war wohl klar, dass materielle Hilfen für diese oder jene Gruppe allein den Protest nicht auffangen würden. Präsident Bouteflika ging daher einen Schritt weiter und ließ bereits im Februar den während des Bürgerkriegs verhängten, seit fast 20 Jahren geltenden Ausnahmezustand aufheben. Vereinzelte Demonstrationen, die in den folgenden Monaten in Algier und anderen Städten stattfanden, brachten die Regierung aber nicht weiter in Bedrängnis. Eher wird man im Militär und bei den zahlreichen im Parlament vertretenen Parteien darauf schauen, ob sich im Vorfeld der kommenden Präsidentschafts- und Parlamentswahlen Alternativen zu den alten Eliten organisieren.

Stabile Monarchien?

Auf internationalen Konferenzen ist immer mal wieder die These vertreten worden, dass die Monarchien in der arabischen Welt mehr Legitimität genießen und sich auf lange Sicht als stabiler erweisen dürften als die der Form nach republikanischen Regime. Früher hörte man dies vor allem von älteren britischen Diplomaten: Immerhin war das Empire maßgeblich an der Installierung der Emirate am Persischen Golf und des jordanischen Königshauses beteiligt, allerdings auch an der weniger widerstandsfähiger Monarchien wie in Ägypten, Irak und Libyen. Der arabische Frühling hat diese These wiederbelebt – nicht nur bei Apologeten der Regime am Golf,[63] sondern auch in der außenpolitischen Diskussion in Washington, wo man sich verständlicherweise darüber Gedanken machen musste, wie zukunftsträchtig das Bündnis der USA mit den Regierenden in Riad, Amman, Manama oder Muscat eigentlich ist.[64] Die These ist, wie wir im Falle Bahrains gesehen haben, nicht ganz präzise. Richtig ist allerdings, dass es für die monarchischen Regime oft leichter ist, Veränderung zu demonstrieren, ohne dabei an den Rand eines Regimewechsels zu geraten. Die Monarchen profitieren von der Legitimität, die der Staat als solcher bei seinen Bürgern genießt. Gleichzeitig fällt eine Unterscheidung zwischen dem Herrscher und dem Regime – erstaunlicherweise vielleicht – oft leichter als in einigen der stark personalisierten nicht-monarchischen Systeme: Man kann einen Ministerpräsidenten oder die gesamte Regierung entlassen und diesen die

Verantwortung für sämtliche Missstände zuschieben, man kann sogar, wie wir in Marokko gesehen haben, Verfassungsänderungen auf den Weg bringen, die die Monarchie erhalten, das System aber dennoch öffnen. Auch in Bahrain hatte die Protestbewegung zunächst nicht den Sturz des Regimes, sondern eine stärkere Konstitutionalisierung der Monarchie gefordert. Nur hatte das bahrainische Königshaus sich eben als besonders unflexibel erwiesen. Eine rechtzeitige Entlassung des Ministerpräsidenten dürfte der Protestbewegung die Spitze genommen haben, hätte gleichzeitig allerdings, da dieser immerhin der Onkel des Königs ist, eine erhebliche Machtverschiebung innerhalb der herrschenden Familie bedeutet. Ganz sicher aber waren auch die monarchischen Systeme nicht immun gegen Jugendprotest und Veränderungsdruck.

Jordanien ist immer eine unruhige Monarchie gewesen. König Abdullah gehört zu den jungen arabischen Herrschern, die Ende der neunziger Jahre oder zu Beginn des 21. Jahrhunderts die Führung ihrer Länder übernahmen, Öffnung und Aufbruch versprachen, im Laufe der Jahre aber gerade bei den gebildeten Mittelschichten Enttäuschung auslösten, die sich grundlegende Reformen versprochen hatten. Abdullah bildete hier keine Ausnahme, genoss aber nichtsdestoweniger weitreichende Legitimität. Keine relevante Gruppe in Jordanien war daran interessiert, das prekäre politisch-gesellschaftliche Gleichgewicht des Landes aus der Balance zu bringen: Mehr als die Hälfte der Bevölkerung ist palästinensischen Ursprungs. In der unmittelbaren Nähe Israels und Palästinas einerseits, Iraks, Syriens und Saudi-Arabiens andererseits steht das Land immer in Gefahr, in regionale Konflikte hineingezogen zu werden.

Jordanien bemüht sich, das Bild einer offenen, liberalen Monarchie zu vermitteln. Unübersehbar aber war es seit

Mitte des ersten Jahrzehnts dieses Jahrhunderts zu einer politischen Rückentwicklung gekommen: Parlamentswahlen wurden nicht grob gefälscht, aber stärker kontrolliert, das politische Leben deutlicher überwacht, die Presse stärker an die Kandare genommen als zuvor. Dass versprochene Reformen immer wieder hinausgezögert wurden, lag nicht unbedingt am Monarchen, sondern zumindest zum Teil an einer dem Königshaus loyal verbundenen bürokratisch-militärischen Elite, die ihre Stellung seit Generationen vererbt und keinerlei Interesse an Transparenz oder größerer politischer Teilhabe hat.[65]

In Amman und anderen Städten kam es bereits unmittelbar nach dem Sturz von Ben Ali über Wochen zu Demonstrationen, die allerdings nie das Ausmaß der Proteste in Tunesien und Ägypten erreichten, gleichwohl beunruhigend für die Regierung waren, weil neben sozialen und wirtschaftlichen zunehmend auch politische Forderungen artikuliert wurden: ein aktives Vorgehen gegen die Korruption, Neuwahlen, mehr politische Beteiligung und entsprechende Änderungen der Verfassung. Der König reagierte darauf mit einem probaten Mittel. Er entließ die Regierung und ernannte einen neuen Ministerpräsidenten mit militärischem Hintergrund, den er mit der Vorbereitung eines »realen politischen Reformprozesses« beauftragte. Demonstrationen wurden toleriert, und Abdullah setzte, ähnlich wie sein marokkanischer Amtskollege, ein königliches Komitee ein, das konkrete Reformvorschläge erarbeiten sollte. Im Juni erklärte der König, welche Reformen er auf den Weg bringe werde: Zukünftig solle in Jordanien der Ministerpräsident vom Parlament, also nicht vom König, bestimmt werden, und es werde ein neues Wahlrecht geben, das die Bildung starker Parteien erlaube. Vielleicht, so hieß es, brauche man nach britischem Muster drei Parteien, eine rechte, eine linke und eine

Partei der Mitte. Allerdings, so der König in einer Diskussion mit Jugendlichen, werde es mindestens zwei, drei Jahre brauchen, bis reife Parteien entstanden seien und die vorgeschlagenen Reformen auch umgesetzt werden könnten. Die jungen Leute, so der Rat Abdullahs, sollten daher mit dem Aufbau solcher Parteien am besten gleich anfangen.[66] Kein ungeschickter Versuch, die Jugend gegen die etablierten Eliten zu positionieren und gleichzeitig erkennen zu lassen, dass der Monarch, vorerst jedenfalls, von seinen Rechten nichts abgeben werde.

Man kann davon ausgehen, das König Abdullah auch kein Interesse hatte, sich politisch zu weit von den Königreichen und Emiraten am Golf zu entfernen, die Jordanien im Mai die Aufnahme in den Golfkooperationsrat angeboten hatten. Innerhalb dieses faktisch von Saudi-Arabien geführten Bündnisses der sechs Monarchien auf der Arabischen Halbinsel gibt es, was die politische Systementwicklung angeht, durchaus eine gewisse Bandbreite. Der saudischen Führung scheint vor allem wichtig zu sein, dass das Prinzip monarchischer Herrschaft an sich nicht erschüttert wird. Am weitesten in Richtung einer konstitutionellen Monarchie, bei der absoluten Macht der Herrscherfamilien echte Grenzen gesetzt sind, hat sich Kuwait entwickelt, dessen Emir sich 1990, als das Land vom Irak überfallen und besetzt wurde, in einer Art Gesellschaftsvertrag mit den Bürgern verpflichten musste, nach der Befreiung wieder regelmäßige Parlamentswahlen zuzulassen und die Rechte des Parlaments zu respektieren. Saudi-Arabien und Katar haben lediglich ernannte Konsultativ- oder *Shura*-Räte; im Oman und in Bahrain werden je eine Kammer des Parlaments direkt gewählt, in den Vereinigten Arabischen Emiraten der ebenfalls beratende Föderationsrat indirekt, durch einen von den Behörden der einzelnen Emirate ausgesuchten Kreis von Elektoren.

Neben Bahrain erlebte der Oman Anfang 2011 eine Welle ernsthafter Proteste. Diese konzentrierten sich in der Industriestadt Sohar und der Hafenstadt Salalah. Oman und Bahrain sind die ärmsten der sechs Golfmonarchien, viele Omanis arbeiten in anderen GCC-Staaten – und viele sind, im Unterschied zur Mehrheit der Bürger in den reicheren Golfemiraten, auch als Arbeiter und einfache Angestellte tätig. Ein Protest von Hafenarbeitern in Dubai oder Kuwait wäre immer ein Protest von Ausländern, die man notfalls umstandslos abschieben könnte. Hier aber waren es Omanis, die mit sozialen Forderungen – vor allem nach mehr Jobs und besserer Bezahlung –, aber auch mit Anti-Korruptions-Slogans auf die Straße gingen. Dabei wurden mehrfach Polizeiwachen und andere Gebäude angezündet. Die Regierung musste die Armee einsetzen, um die Demonstranten, die eher Hunderte als Tausende zählten, auseinanderzutreiben. Mehrere Menschen kamen dabei ums Leben.

Auch die omanische Regierung wurde von den Protesten offenbar völlig überrascht. Man war es gewohnt, das Sultanat als einen Staat zu sehen und darzustellen, in dem der zwar absolut herrschende, aber aufgeklärte Sultan Qabus in gutem Einvernehmen mit seinem Volk lebe und, vielleicht dem Modell Singapurs entsprechend, gute Regierungsführung von seinen Beamten, aber auch gutes Benehmen von seinen Bürger erwartete. Demonstrationen und Gewalt seien eine »ernsthafte Abweichung von der Norm in Oman«, erklärte ein omanischer Vizeminister im Gespräch. Üblicherweise wüssten die Omanis, dass es angemessene und unangemessene Formen des Protests gebe. Aber nun habe man es mit einer neuen Generation zu tun, die die Errungenschaften im Sultanat – die Entwicklung der Infrastruktur oder die in der Tat bemerkenswerten Investitionen in das Bildungs- und Gesundheitswesen – einfach als gegeben hinnehme. Tatsächlich dürfte die junge Generation der Omanis sich heute nicht mehr von der stets wiederholten und von nahezu jedem ausländischen Journalisten aufgegriffenen Geschichte beeindrucken lassen, dass es 1970, als der Sultan sich anstelle seines Vaters an die Macht brachte, im ganzen Land nur knapp zehn Kilometer asphaltierte Straße gegeben habe. Mehr als Dreiviertel der Bevölkerung waren damals noch nicht geboren, und die Geschichte offenbart heute vor allem, wie lange der Herrscher schon an der Macht ist.

Der Sultan erkannte wohl, dass die Proteste eine ernsthafte politische Herausforderung darstellten. Innerhalb von zwei Wochen bildete er gleich zweimal das Kabinett um und kündigte unter anderem an, mithilfe des vom Golfkooperationsrat beschlossenen 10-Milliarden-Dollar-Hilfspakets Wohnungen bauen zu lassen, die Stipendien für Studenten zu erhöhen und nicht zuletzt unmittelbar 50 000 neue Stellen im öffentlichen Dienst zu schaffen, die meisten davon bei Polizei und Armee. Der Sultan erließ allerdings auch ein Dekret, durch das er dem aus einer ernannten und einer gewählten Kammer zusammengesetzten Parlament legislative Kompetenzen einräumte – ein Novum für das Sultanat, das dem König zwar nicht das Recht nehmen dürfte, weiterhin allein letztgültige Entscheidungen zu treffen, die politische Teilhabe aber allmählich auf kuwaitisches Niveau heben könnte.

In Kuwait, wo sowohl der Emir als auch das Parlament Gesetze beschließen kann, finden politische Auseinandersetzungen vorzugsweise in politischen Salons – den sogenannten *diwaniyas* – und im Parlament statt, wo sowohl liberale als auch konservativ-islamistische Gruppen sich je nach Themenfeld oppositionell gerieren. Wenn nicht benachteiligte Gruppen wie die sogenannten *bidun* (»ohne«), Einwohner beduinischen Ursprungs, die keine Bürgerrechte genießen, auf die Straße gehen, ist Politik in Kuwait die Sache einer bürger-

lichen Elite. Das blieb auch im Frühjahr 2011 so. Korruptions-
vorwürfe gegen mehrere Mitglieder der Regierung, die der
herrschenden Familie angehören, führten zu kleineren Demonstrationen, wurden aber in kuwaitischer Manier institu-
tionell behandelt: Der Ministerpräsident, immer ein Mitglied
der Herrscherfamilie, trat zurück, um einer parlamentarischen Befragung zu den Vorwürfen zu entgehen, wurde gleich
darauf vom Emir erneut mit der Regierungsbildung beauf-
tragt und überstand kurz darauf ein Misstrauensvotum, das
sunnitisch-islamistische Parlamentarier eingebracht hatten,
die ihm eine zu konziliante Politik gegenüber Iran vorwarfen.
Offene parlamentarische Kritik an der herrschenden Familie
und ihrer Politik ist in Kuwait also nicht unüblich. Das hat
die Monarchie allerdings bislang nicht geschwächt, sondern
Opposition und Widerspruch eher kanalisiert.

Veränderungsdruck am Horizont

Saudi-Arabien spürte politischen Reformdruck nicht erst im
Zusammenhang mit den Revolutionen in Tunesien und
Ägypten und den Revolten im benachbarten Jemen oder in
Syrien und Libyen. Die Fragen, mit denen junge Saudis sich
beschäftigen, sind nicht dieselben, aber zum Teil ähnliche wie
die, die ihre Altersgenossen in anderen arabischen Ländern
umtreiben: Es geht zunehmend um Teilhabe und den Umgang mit Andersdenkenden, zumal bei Jugendlichen, die
nicht aus reichen Familien stammen. Es geht auch um die
Schwierigkeiten, einen Job zu finden, um die oft mangelnde
Qualifikation von Schul- und Hochschulabsolventen, um
Leere und Langeweile in einer Gesellschaft, die wenig kulturelle und soziale Freiheiten lässt, und nicht zuletzt um
die Rechte von Frauen und den Umgang von Männern und

Frauen miteinander.[67] Opposition, Widerspruch gegen die Politik des Herrscherhauses oder Protest gegen die Dogmen und Zwänge der strikt durch die konservative, sunnitisch-wahhabitische Auslegung des Islam genormten Gesellschaft, kommt allerdings aus sehr unterschiedlichen Segmenten der Bevölkerung, die wenig miteinander zu tun haben und schon gar nicht gemeinsam für Veränderung eintreten würden. So muss das Herrscherhaus sich mit Forderungen der schiitischen Minderheit nach Gleichberechtigung, mit liberalen Forderungen nach gradueller politischer Veränderung, einem Ende der Diskriminierung von Frauen und grundlegenden Reformen im Bildungs- und Erziehungswesen genauso auseinandersetzen wie mit mehr oder weniger radikal agierenden religiösen Ultras, die selbst die kleinen Reformschritte der vergangenen Jahre wieder zurücknehmen wollen.

Die Schiiten in der Ostprovinz des Landes haben sich im vergangenen Jahrzehnt stärker um Integration bemüht und dazu die von König Abdullah in seiner Zeit als Kronprinz vorsichtig zum Dialog ausgestreckte Hand gern ergriffen. Es geht ihnen um die Anerkennung als Bürger mit gleichen Rechten, um die Beendigung religiöser und sozialer Diskriminierung und nicht – wie teilweise in früheren Jahren – um Sezession oder ein Ende der Monarchie. Während des Aufstands in Bahrain kam es zunächst zu kleineren Solidaritätsdemonstrationen in der Ostprovinz, die der Insel gegenüberliegt, und auch zu begrenzter Gewalt. Erst nach dem Einmarsch saudischer und emiratischer Truppen in Bahrain zogen diese Demonstrationen dann nicht nur einige Hundert, sondern Tausende an.

Bereits im Januar hatten sich kleinere Gruppen von Aktivisten mit liberalen Forderungen via Facebook zu Wort gemeldet und zu Demonstrationen aufgerufen; die Resonanz blieb allerdings gering. Wie in früheren Jahren wurden ferner

Reformpetitionen im Internet eingestellt, in denen sich Intellektuelle, Journalisten, jüngere Aktivisten und liberale Kleriker mit allem Respekt an die »politische Führung« wandten: Der König selbst, hieß es etwa in einer »Nationalen Reformerklärung«, solle einen Prozess anführen, der das Land schrittweise in eine konstitutionelle Monarchie transformiere und auf die »großen Ziele« Herrschaft des Rechts, Gewaltenteilung, Gleichheit der Bürger, politische Teilhabe sowie ausgeglichene Entwicklung verpflichte.[68] Konkret wurde verlangt, dass der bislang ernannte Konsultativrat in Zukunft gewählt werden solle.

Die Regierung ging nicht direkt auf den Aufruf ein, versprach im Frühjahr aber immerhin, dass im Herbst des Jahres zum zweiten Mal Kommunalwahlen durchgeführt werden sollten. Eine erste Runde hatte 2005 stattgefunden, auf die eigentlich 2009 fälligen Neuwahlen hatte man verzichtet. Sie jetzt doch noch durchführen zu lassen, war insofern eine vorsichtige Konzession an die Liberalen. Im September erklärte der König zudem, dass bei den nächsten Wahlen – 2015 – dann auch die Frauen das Wahlrecht erhalten sollten. Zunächst aber sollten weiterhin nur Männer wahlberechtigt sein. Im März ließ man zudem durch die höchsten Religionsgelehrten des Landes erklären, dass Demonstrationen gegen islamisches Recht verstoßen.

Die neuen sozialen Medien blieben nicht die Domäne von Liberalen und Reformern. Sie wurden zunehmend auch von saudischen Salafiten genutzt, also von jenen konservativ-wahhabitischen Kräften, die befürchten, dass Saudi-Arabien seinen streng islamischen Kurs aufgibt, der bisher die Staatsideologie dargestellt hat. Die Salafiten sind keineswegs nur alte, verknöcherte Religionsgelehrte, die sich gegen jede technische Neuerung wehren. Muhammad al-Arifi etwa ist ein durchaus modern auftretender junger Prediger, der sich dank Internet und Satellitenfernsehen eine Anhängerschaft weit über Saudi-Arabien hinaus geschaffen hat. Und er ist nur ein – wenngleich prominentes – Beispiel für den »salafitischen Trend«. Arifi predigt jeden Freitag in einer Moschee in Riad, betreibt ein religiöses Programm im Satellitenkanal *Iqra'* (»Lies!«) und unterhält eine aktive Facebook-Seite. Er wurde 1970 geboren und ist damit für einen saudischen Religionsgelehrten und Hochschullehrer an der konservativen King-Saud-Universität relativ jung. Er hat Witz und bedient sich einer verständlichen Umgangssprache, was gerade beim jungen Publikum ankommt. Die Botschaft allerdings ist reaktionär: Mal predigt er gegen die Liberalen, mal beschimpft er die Schiiten des Landes als eine bösartige, mörderische und ungläubige Sekte, die die heiligen Stätten unter iranische Kontrolle bringen wollen. Die saudischen Sicherheitskräfte sollten sich mit dem Problem befassen. Bei diesen ist er durchaus Persona grata und wird gerne zu religiösen Vorträgen etwa im Offiziersclub der Polizei geladen. Als Arifi im Frühjahr 2011 in einer Freitagspredigt einen offenen Angriff auf die im allgemeinen reformorientierten saudischen Journalisten und Intellektuellen startete und diesen vorwarf, die Interessen ausländischer Staaten zu vertreten und im Übrigen nur daran interessiert zu sein, dass »Frauen Auto fahren und im Badeanzug an den Strand gehen«, sah man sich im Religionsministerium immerhin veranlasst, ihn öffentlich zu tadeln: Er solle solche Äußerungen künftig unterlassen und die Kanzel des Freitagsgebets nicht missbrauchen, um »Konflikte zwischen unterschiedlichen gesellschaftlichen Gruppen anzufachen«.[69] Der junge Scheich ließ sich dadurch allerdings nicht einschüchtern, griff vielmehr die Zeitung und die Journalisten an, die die Abmahnung durch das Ministerium öffentlich gemacht hatten.

Beständigkeit ist vielleicht eine der wichtigsten Eigenschaften, die veränderungswillige Kräfte in einem Land benötigen, in dem die Kräfte der Beharrung so stark sind und »Veränderung« immer noch gern als »Abweichung« (bid'a) – von der rechten islamischen Lehre – verstanden wird. Beharrungsvermögen benötigen gerade auch die Frauen, die seit einigen Jahren ihre Rechte als Bürgerinnen einfordern. Dabei geht es nicht nur um das Lenken eines Fahrzeugs, vielmehr ist die Forderung, am Steuer eines Autos sitzen zu dürfen, stets mit die Forderung nach Gleichberechtigung in anderen Bereichen verbunden. Immer mehr saudische Frauen sind gut ausgebildet und üben einen Beruf aus: als Lehrerinnen, Professorinnen und Ärztinnen, Unternehmerinnen, Investmentberaterinnen oder Journalistinnen. Nach herrschender Lehre benötigen sie aber nach wie vor die Zustimmung eines männlichen Verwandten, wenn sie etwa ein Hotelzimmer buchen wollen. Im Juni setzten mehrere Frauen sich über die keineswegs kodifizierte Vorschrift hinweg, die Frauen das Autofahren verbietet, und fuhren mit ihren Wagen durch Riad. Einige Wochen zuvor war die 32-jährige Informationstechnikerin Manal al-Sharif festgenommen und zehn Tage lang in Haft gehalten worden, weil sie ihr eigenes Auto gesteuert und sich dabei hatte filmen lassen. Das Video hatte sie ins Internet gestellt, um andere Frauen zu ermuntern, ebenfalls den Bann zu brechen. Die Inhaftierung Sharifs war durchaus als Warnung des konservativen Establishments zu verstehen, dass man eine Unterminierung des religiös-moralisch begründeten Regelwerks durch Einzelne nicht tolerieren werde. Insofern blieb die Zahl der Frauen, die sich in den folgenden Wochen und Monaten demonstrativ hinters Steuer setzten, überschaubar. Allerdings gelang es, eine breitere öffentliche Debatte loszutreten und die Regierung ein Stück weit in die Defensive zu drängen: Viele Saudis erkennen an, dass das Frauenfahrverbot auch ökonomisch völlig unsinnig ist: Jeder weiß, dass saudische Frauen auf dem Land seit Jahrzehnten ihren Traktor fahren. Die Regierung hat ganz offensichtlich kein Interesse daran, das von den Konservativen verteidigte Verbot in Zeiten erhöhter Aufmerksamkeit für die innere Entwicklung des Landes womöglich gesetzlich festzuschreiben. Am liebsten würde man wohl jede einzelne Auto fahrende Frau einfach übersehen.

Tatsächlich wird das Regime nicht von Frauen am Steuer bedroht. Furcht herrscht dagegen bei der Regierung, dass die soziale Unzufriedenheit Unruhen auslösen könnte. Saudi-Arabien ist immer noch ein reiches Land, aber die Bevölkerung ist enorm gewachsen – auf heute etwa 26 Millionen Einwohner, davon über 20 Millionen Saudis, mehr als doppelt so viele wie 1990. Das heißt aber, dass im Schnitt für den Einzelnen weniger übrig bleibt. Es gibt spürbare Armut und eine wachsende Zahl von arbeitslosen Jugendlichen. Das saudische Bildungssystem trägt einen Teil der Schuld, hat es die jungen Leute doch vom ersten Schultag an eher in den Überlieferungen des Propheten und in islamischem Recht ausgebildet als in Mathematik, Naturwissenschaften und Fremdsprachen. Unter König Abdullah hat man versucht, das Erziehungswesen zu reformieren; sogar eine technische Universität, an der Frauen und Männer gemeinsam auf einem Campus studieren, wurde aufgebaut.

Aber die Veränderungen schreiten nur langsam voran. Die Sorge der Regierenden, dass sich soziale Unzufriedenheit mit politischem Protest mischen und dieser von radikalen Islamisten genutzt werden könnte, ist nicht unberechtigt. Die saudische Führung lancierte deshalb angesichts der Proteste und Unruhen in den umliegenden Ländern ein im regionalen Vergleich, aber auch für die eigene Volkswirtschaft beispielloses soziales Ausgabenprogramm: Man warf im wahrsten Sinne des Wortes Geld auf die Probleme. Die Ausgaben von zwei kurz nacheinander verkündeten Programmen addierten sich zusammen auf über 130 Milliarden Dollar, fast ein Drittel des jährlichen Bruttoinlandsprodukts. Dazu gehörten eine unmittelbare substantielle Erhöhung von Arbeitslosengeld und Mindestlöhnen, zwei zusätzliche Monatsgehälter für alle im Staatsdienst Beschäftigten und ein soziales Wohnungsbauprogramm mit 500 000 Einheiten, ferner die Schaffung von 60 000 neuen Stellen im Bereich des Innenministeriums, Solderhöhungen beim Militär und einige hundert Millionen Dollar an Zuschüssen für die Religionspolizei, den Ausbau von Moscheen und die Verbreitung des Islam[70] – ein klarer Fingerzeig, dass man sich wieder stärker auf die konservativen religiösen Eliten verlassen werde. Wenig später erließ der König ein Dekret zur Änderung des Pressegesetzes, das Beiträge, in denen die Reputation hoher Religionsgelehrter angegriffen wird, unter Strafe stellt.

Die saudische Führung ignorierte die eigenen sozialen Probleme und die politischen Herausforderungen, die die Revolutionen und Revolten in anderen arabischen Ländern auch für das Königreich bedeuten könnten, also keineswegs. Sie setzte insgesamt – abgesehen von kleineren Zugeständnissen wie der Ankündigung neuer Kommunalwahlen – nur nicht auf politische Lösungen, sondern auf ein bewährtes, nun allenfalls höher dosiertes Rezept: Protest vorzugsweise in Geld zu ersticken und wenn nötig mit repressiver Gewalt unterdrücken. Mit den vom Golfkooperationsrat beschlossenen Milliardenhilfen für dessen zwei ärmste Mitglieder wie auch mit dem Einmarsch ins benachbarte Bahrain signalisierte Riad zugleich, dass man dasselbe Rezept auch im unmittelbaren Umfeld zur Anwendung zu bringen bereit war. Die Revolution in Ägypten musste man tolerieren; im Jemen konnte man versuchen, zu einem verhandelten, friedlichen Regimewechsel beizutragen. Im Familienkreis der Golfmonarchien aber würde man versuchen, revolutionären Tendenzen von Anfang an die Luft zu nehmen.

Wer wäre das Volk?

Zwei der Golfmonarchien brauchten sich die saudischen und omanischen Sorgen bislang kaum zu machen: die Vereinigten Arabischen Emirate und Katar. Beide Staaten stehen, pro Kopf gerechnet, an der Spitze der Einkommenspyramide nicht nur in der arabischen Welt, sondern weltweit. Nicht nur deshalb, sondern auch angesichts einer deutlichen Mehrheit von Nicht-Staatsbürgern unter den Einwohnern hat »Demokratie« nicht unbedingt Priorität für die Bürger: In beiden Ländern sind weniger als 20 Prozent der Bevölkerung auch Staatsangehörige, und eine intensive Diskussion über demokratische Beteiligung könnte irgendwann die Frage aufwerfen, wer hier eigentlich das Volk ist. Wenn man in den VAE über Menschenrechtsverletzungen spricht, dann betrifft das fast immer ausländische Arbeitskräfte, vorwiegend aus den ärmeren Ländern Süd- und Südostasiens, selten die eigenen Staatsbürger. Natürlich wurden die arabischen Aufstände auch in Doha und Abu Dhabi diskutiert, und es gab vereinzelt Stimmen, die eine Demokratisierung einforderten. Auf einer katarischen Facebook-Seite wurde sogar zum Sturz des Regimes aufgerufen. Die Vermutung, dass diese Seite nicht von Einheimischen, sondern von der Regierung eines arabischen Bruderlandes gesponsert wurde, die sich durch die Berichterstattung von *al-Jazeera* herausgefordert fühlte, liegt zumindest nahe. In den Emiraten wurden fünf Blogger und Menschenrechtsaktivisten, die eine Demokratiepetition unterzeichnet hatten, verhaftet und später angeklagt, die Herrscher beleidigt zu haben.

Bemerkenswert ist allerdings, dass die emiratische wie die katarische Führung zu zeigen versuchten, dass sie sich dem Wind der Veränderung in der arabischen Welt nicht widersetzen, sogar graduelle Reformen auf den Weg bringen würden, bevor man entsprechenden Forderungen aus der Bevölkerung begegnen müsse. So kündigte die Regierung der VAE an, die Zahl der Wahlberechtigten bei den anstehenden Wahlen zum Nationalen Föderationsrat, einem konsultativen Gremium mit vierzig Abgeordneten, von denen die eine Hälfte indirekt gewählt, die andere von den Einzelemiraten ernannt wird, von weniger als einem Prozent der Bürger auf gut fünfzehn Prozent auszuweiten. Man wolle, erklärte der zuständige Minister, die politische Partizipation graduell ausbauen und habe deshalb besonders die Zahl der Frauen und der jungen Leute unter den Elektoren erhöht.[71] Und der Emir von Katar versprach, den Konsultativrat seines Landes demnächst wählen zu lassen. Die generelle Haltung der Führungen beider Staaten unterschied sich von der saudischen also in zweierlei Hinsicht: Zum einen vertraute man darauf, dass die meisten Bürger schon kein Interesse daran haben würden, die zweifellos komfortablen Verhältnisse im eignen Land zu erschüttern. Zum anderen wollte man, gerade als kleiner Staat, lieber mit dem Wind als gegen ihn segeln und versuchte deshalb sogar, sich an die Spitze der regionalen Umbruchbewegung zu stellen, und zwar via *al-Jazeera*, dem in Katar ansässigen und von dort auch finanzierten wichtigsten Satellitenkanal, über großzügige Hilfen für das »neue« Ägypten und nicht zuletzt als aktiver Teilnehmer der internationalen Intervention in Libyen.

Perspektiven des Umbruchs
Innere Verhältnisse, regionale Geopolitik

Die politisch-soziale Druckwelle, die von Tunesien und Ägypten ausging, hat nicht alle arabischen Staaten in gleicher Weise erreicht oder – in einigen Fällen zumindest – noch nicht erreicht. Ähnlichkeiten, aber auch Unterschiede bei den Revolten und Aufständen sind deutlich geworden. Wir haben gesehen, dass die Protestbewegungen einen vorwiegend jugendlichen, unideologischen und im traditionellen Sinne führerlosen Charakter hatten. Es gab weder den einen charismatischen Anführer noch eine Gruppe verschworener, durch lange Auseinandersetzungen mit dem Regime ge- und verhärteter Ideologen, die, wie etwa die ägyptische Muslimbruderschaft, gewissermaßen mit den Regimeeliten gealtert waren. Vielmehr wurden die Aufstände meist von jungen Aktivisten geführt, die den Sicherheitsbehörden noch nicht bekannt waren. »Sie haben keine Akte, waren deshalb für die Dienste nicht erkennbar«, wie mir ein syrischer Oppositioneller sagte. Sie waren oft eher über die Auseinandersetzungen mit Fragen der Menschenwürde, des repressiven, zynischen Umgangs der Autoritäten mit den Menschen und über soziale Themen politisiert worden, nicht über ideologische Fragen oder Auseinandersetzungen um die Macht im Staat, waren dann im Verlauf der Ereignisse aber rasch bereit, die Machtfrage zu stellen. Wo immer Revolten losbrachen, hießen die Hauptforderungen Würde, Freiheit, Gerechtigkeit, Demokratie und ein Ende der Korruption. Fast überall hörte man, dass die Mauer der Angst gefallen sei, hinter der die

Regime sich mit ihren umfassenden Sicherheitsapparaten so lange verschanzt hatten.

Nicht von ungefähr hat man in der Literatur, wenn man die arabischen Länder insgesamt charakterisieren wollte, oft vom »arabischen Sicherheitsstaat« gesprochen. Mit der Ausnahme Libyens blieben die Aufstände bislang überwiegend friedlich. »*Silmiyan, silmiyan*« (»friedlich, friedlich«) war einer der Slogans, die von Revolte zu Revolte migrierten, ebenso wie »Das Volk will …«. Die Protestbewegungen orientierten sich aneinander, lernten voneinander, sahen im Erfolg oder in Misserfolgen der anderen auch Ergebnisse des eigenen Handelns oder Vorboten des weiteren Verlaufs im eigenen Land. Das zuvor eher mäßige Interesse für andere arabische Länder nahm, soweit sich dies aus Beobachtungen und Gesprächen beurteilen lässt, insgesamt zu. Wer hatte sich schon wirklich vorher in Ägypten für Tunesien, in Syrien für den Jemen oder im Jemen für Libyen interessiert? Plötzlich, mit den Revolten, gab es in den palästinensischen Gebieten oder in Syrien Solidaritätsaktionen für Tunesien und Ägypten, die von den Sicherheitsbehörden zu Recht als Anzeichen des Protests im eigenen Land verstanden wurden. Hier bildete sich ein neues Zusammengehörigkeitsgefühl heraus, in gewisser Weise vielleicht eine neue arabische Welt jenseits des sterilen arabischen Nationalismus, mit dem Regimeideologen die unübersehbare Uneinigkeit bei Gipfeltreffen der Arabischen Liga zu übertünchen versuchten.

Auch die Regime beobachteten genau, was bei den Nachbarn geschah, und begingen dennoch dieselben Fehler. Sie sahen die Dinge nicht kommen, reagierten zu wenig und zu spät. Manche der Konzessionen, die Ben Ali, Mubarak und Asad machten, als die Proteste schon fortgeschritten waren – Verzicht auf eine Wiederwahl, Aufhebung des Ausnahmezustands, Angebot zum nationalen Dialog und anderes –, hätten Monate oder Wochen zuvor möglicherweise gereicht, um den Aufstand abzuwenden. Als die Angebote schließlich erfolgten, offenbarten sie nur noch, dass das Regime in der Defensive war und nicht mehr gewinnen konnte.

Der Verlauf der Ereignisse in den einzelnen arabischen Staaten hat Unterschiede akzentuiert, die zum Teil, aber eben nur zum Teil etwas mit den konkreten sozialen Verhältnissen und der Wirtschaftskraft dieser Länder zu tun haben. Manches lässt sich eher mit der politischen Kultur der einzelnen Staaten erklären, der Art und Weise, wie Geschichte, Identitäten, gesellschaftliche Werte und Institutionen die Politik eines Landes prägen. Dazu gehört die bemerkenswerte Fähigkeit der Ägypter, sich ohne Führung zu organisieren, genauso wie das relativ große Vertrauen zwischen Volk und Armee oder die relative Offenheit der Debatte in Ägypten. Dazu gehört die Bindekraft regionaler Zugehörigkeiten in Libyen ebenso wie die schnelle Gewalteskalation und die Bedeutungslosigkeit aller bestehenden staatlichen Institutionen in einer Krisensituation. In Syrien blieben die Institutionen intakt, die brutale Gewalt aber, die das Regime anwenden ließ, wo seine Autorität herausgefordert wurde, der Einsatz gut ausgerüsteter Spezialeinheiten der Streitkräfte, die von Verwandten des Präsidenten geleitet werden, ja selbst die Hoffnung der Opposition auf einen Militärcoup – all dies hatte Vorbilder in der jüngeren syrischen Geschichte und wurde gewissermaßen erwartet. Ähnliches gilt, um nur zwei weitere Beispiele zu nennen, für das dialogische Vorgehen des Königs in Jordanien und die rasche Bereitschaft der saudischen Regierung, sehr viel Geld in die Hand zu nehmen. Überall waren letztlich Menschen entscheidend, Akteure, die auf der einen oder anderen Seite in das Geschehen eingriffen.

In Beiträgen arabischer Intellektueller und Journalisten zu den laufenden Ereignissen ist immer wieder angemerkt worden, dass sich mit den Aufständen und Revolten auch bei den Menschen in den arabischen Staaten selbst etwas verändert habe: dass diese sich emanzipiert, sich als Bürgernation gefunden hätten, nicht mehr bereit seien, sich als Untertanen zu verstehen, und auch die Rationalisierungen, mit denen diktatorische Herrschaft so lange gerechtfertigt worden ist, nicht mehr akzeptierten.[72] Vor allem die jungen Leute hätten sich die »Sprache des Zeitalters« und die »globalen Begriffe von Rechten und Freiheiten angeeignet«.[73] Die Menschen seien sich bewusst, dass ihnen Grundrechte zustehen, ja, sie hätten gezeigt, dass sie frei sind, indem sie sich ihre Freiheit nahmen.[74] Aus diesen Gründen, so der Schluss, sei die Veränderung, die die arabische Welt erlebe, wohl auch unumkehrbar.

Das ist nicht nur Wunschdenken. Gleichwohl wäre es wohl eher richtig zu sagen, dass die Veränderungen in der Region zwar nicht einfach umkehrbar, wohl aber unabgeschlossen sind und sich in durchaus unterschiedliche Richtungen fortentwickeln können. Das betrifft die Akteure, die hier eine Rolle spielen werden, genauso wie die innere Verfasstheit der einzelnen Staaten und die Politik dieser Staaten gegenüber ihrer regionalen und internationalen Umgebung.

Liberale, Islamisten und Militärs

Bei allen Unterschieden zwischen den einzelnen Staaten dürfte das Spektrum legaler politischer Akteure in der arabischen Welt insgesamt breiter werden. Vor allem zwei Gruppen werden eine größere Rolle spielen als bisher: Zum einen jene derzeit noch jungen, gebildeten, in vieler Hinsicht international oder global ausgerichteten Kräfte, die die Aufstände und Revolutionen getragen haben. Sie können – im Sinne der am ägyptischen Beispiel erläuterten Kategorien – als

Liberale gelten, stehen autoritären Tendenzen, großen Ideologien und einer Vermischung von Religion und Politik zumindest skeptisch gegenüber und orientieren sich an den Staats- und Verfassungsmodellen etablierter liberaler Demokratien. Zahlreiche Parteineugründungen mit unterschiedlichen Ausrichtungen von links bis rechts lassen sich dieser Kategorie zurechnen. Zum Teil haben wir es hier aber eher mit einer politischen Generation als mit einer politischen Bewegung zu tun. Zumindest für einige Angehörige dieser Generation wird gelten, was auch andere politische Generationen erleben mussten, die – man denke etwa an die ost- wie die westeuropäischen »Achtundsechziger« – erst zwei Jahrzehnte, nachdem sie in Erscheinung traten, Positionen mit politischer Verantwortung erringen konnten.

Gleichzeitig, und dies ist kein Widerspruch, werden politisch und gesellschaftlich konservative Kräfte, die sich innerhalb eines religiös-islamischen Referenzrahmens definieren, stärker vertreten sein als zuvor. Die Öffnung des legalen politischen Spektrums sowohl für Liberale als auch für Islamisten und die Möglichkeit eines echten Wettbewerbs wird Spannungen schaffen. Auch das sehen wir bereits in Ägypten. Diese Öffnung ermöglicht aber zugleich eine Rückkehr der Politik: die offene Auseinandersetzung über unterschiedliche politische Vorstellungen und über Lösungen für all die Fragen, mit denen Regierungen sich beschäftigen müssen.

Die arabischen Aufstände von 2011 waren nirgendwo auch nur ansatzweise eine islamische Revolution. Gleichwohl wird der politische Islam eine Rolle spielen. In praktisch allen arabischen Staaten gäbe es eine Basis für eine konservative Volkspartei religiöser Prägung nach dem Modell der türkischen AKP. Mehrere Politiker aus dem islamischen Spektrum in Tunesien, Ägypten und anderen arabischen Ländern haben ausdrücklich betont, sich am Vorbild der AKP zu orientieren. Aber auch hier wird die Bandbreite zunehmen. Die Öffnung der politischen Systeme zwingt auch das politisch-islamische Spektrum zu mehr Pluralismus. In Ägypten zeigt sich das sehr deutlich in den Spaltungen und Abspaltungen bei der Muslimbruderschaft, deren Mitglieder eben nicht mehr unter dem Druck der Illegalität zusammengepresst, ja zusammengeschweißt werden.[75] Der Nahda-Partei in Tunesien, der Muslimbruderschaft in Syrien und anderen dürfte es früher oder später ähnlich ergehen. Eine solche Ausdifferenzierung im politisch-islamischen Spektrum ist im Grunde ein gesunder Prozess, der die Pragmatiker und Reformer von den Fundamentalisten trennen kann, ähnlich wie das bei der Abspaltung der türkischen AKP von der sogenannten Tugendpartei geschah. Die Pragmatiker werden ihre Präsenz behalten, möglicherweise in der Bruderschaft selbst. Abspalten werden sich einerseits ultrakonservative, salafitische Gruppen, die sich in Ägypten bereits in mehreren neuen Parteien organisiert haben. Auf der anderen Seite kann und dürfte sich aber tatsächlich so etwas wie eine »islamische neue Mitte«[76] entwickeln, die mit einem klaren Bekenntnis zu Demokratie, Gewaltenteilung und regelmäßigen, allgemeinen und freien Wahlen zum Gegenpart, aber auch zum Partner liberaler Gruppen in mehr pluralistischen und demokratischen arabischen Staaten sein kann.

In diesem Prozess dürften Parteien wie die »Freiheits- und Gerechtigkeitspartei« der ägyptischen Muslimbrüder auch feststellen, dass sie nicht immer so stark sein werden, wie sie selbst glauben oder einige ihrer Gegner befürchten. Sie werden sich erstmals echter Konkurrenz stellen müssen. Sie können sich, wenn sie ihre Basis ausschöpfen wollen, nicht mehr als Fundamentalopposition gerieren, der es reicht zu sagen, dass der »Islam die Lösung« sei, sondern müssen konkrete Antworten auf Sachfragen geben. Sie werden, wenn sie Regierungsverantwortung übernehmen, zeigen müssen, dass sie pragmatisch und kompromissfähig sein können. Auch diese Bewegungen haben verstanden, dass der realexistierende Staats- und Regierungsislamismus Saudi-Arabiens, Irans oder der Hamas im Gazastreifen den Menschen, die in Tunesien, Ägypten oder anderen Staaten auf die Straße gingen, ganz sicher nicht als Orientierung diente.

Eine der wirklich guten Nachrichten der arabischen Aufstände und Revolutionen ist, dass diese eine Absage an die Ideologie eines gewaltsamen, terroristischen *Jihad* waren, wie al-Qaida ihn verkörpert. Die Forderungen der Protestbewegungen nach individueller Freiheit und Demokratie standen in radikalem Gegensatz zur Ideologie der al-Qaida. Ayman al-Zawahiri, der Stellvertreter und spätere Nachfolger Usama Bin Ladens, der den Menschen in Ägypten drei Monate nach den Ereignissen auf dem Tahrir-Platz in einer Videobotschaft erklärte, dass ihre Revolution unvollständig sei, solange sie keinen vollständig islamischen Staat errichteten, traf offensichtlich nicht auf Zustimmung. Das ideologische Angebot al-Qaidas wirkt auf die heutige Generation der zornigen jungen Leute schlicht schal. Die Macht des »Volkes«, das »Veränderung will«, ist attraktiver als terroristische Gewalt. Al-Qaida wird als Organisation dennoch weitere Anschläge verüben. In einzelnen Gebieten des Jemen und Pakistans, wo die staatliche Macht zusammengebrochen ist, wird sie auch künftig Chancen haben, sich festzusetzen und möglicherweise sogar Autorität auszuüben. Die Protestbewegungen und Revolten in der arabischen Welt haben deutlich gezeigt, wie sehr die Organisation dort ideologisch und auch mit Blick auf ihr Führungspersonal zu einer Erscheinung der vergangenen Jahrzehnte geworden ist. Die Tötung Bin Ladens durch amerikanische Spezialeinheiten war für die junge Generation nicht mehr als eine historische Fußnote.

Das Militär dürfte in vielen arabischen Staaten zukünftig einen wichtigen Faktor in den politischen Machtgleichungen darstellen. In der tunesischen und in der ägyptischen Revolution haben die Streitkräfte eine entscheidende Rolle gespielt. Gleichwohl war dies in beiden Fällen eben nicht der klassische Militärputsch, wie ihn die arabischen Staaten in den fünfziger, sechziger und siebziger Jahren des 20. Jahrhunderts so oft erlebten. In beiden Fällen zeigte das Militär, dass es sich dem Staat und nicht in erster Linie dem Regime verpflichtet fühlte und dass es nicht selbst regieren will. Im ägyptischen Fall erkannte der Militärrat zudem an, dass ihm seine Legitimität, temporär die Macht auszuüben, vom Tahrir-Platz, also von den Bürgern verliehen wurde. Bemerkenswert ist auch, dass die Opposition in Syrien ihre Hoffnung darauf setzt, dass der professionelle Teil des Militärs ähnlich wie die Militärs in Ägypten und Tunesien agieren und die Dinge entscheiden wird. Allerdings war kaum zu erwarten, dass die Streitkräfte in den einzelnen arabischen Staaten nach ein und demselben Muster reagieren würden. Der Unterschied zwischen den professionellen Armeen in Tunesien und Ägypten und den Streitkräften anderer Staaten war auffällig: In Libyen und Jemen zerfielen die Armeen in konkurrierende Milizen, als die Regime in Bedrängnis gerieten; in Syrien verließ das Regime sich nur auf einige Elitebrigaden und positionierte den Rest der Armee an den Grenzen – dort, wo keine Gefahren zu erwarten waren.

Die ägyptischen Streitkräfte, zukünftig vielleicht auch die syrischen, algerischen, irakischen und andere, werden sowohl eigene materielle Interessen und Privilegien zu wahren suchen als auch ein Maß an Kontinuität und Stabilität in der Außenpolitik. Nicht wenige Beamte und Diplomaten, die den alten Regimen gedient haben, und andere Vertreter einer säkularen Mittelschicht sowie Angehörige religiöser Minderheiten, die Sorge haben, dass unter demokratischen Verhältnissen die islamistischen Kräfte zu stark werden könnten, wünschen sich zudem eine Art Wächterrolle des Militärs über Innenpolitik und Verfassung. Dabei werden gern Analogien zur Türkei hergestellt.[77] Teile des Militärs dürften durchaus Sympathie für eine solche Konstitutionalisierung ihrer eigenen politischen Rolle haben. Man wird daher bei allen Bekenntnissen, die das Militär in Staaten wie Ägypten, Tunesien, Algerien und Irak zur Demokratie ablegt, genau hinschauen müssen: Solange die Verfassungsinstitutionen in diesen Ländern schwach bleiben, besteht die Gefahr, dass die Streitkräfte zu außerkonstitutionellen Mitteln greifen, wenn sie zu der Auffassung gelangen, dass gewählte, aber schwache Regierungen an wichtigen Aufgaben scheitern oder eine Majorität die außenpolitischen Konstanten des Landes infrage stellen könnten.

Zwischen demokratischer Konsolidierung und Bürgerkrieg

Vorhersagen über den weiteren Verlauf der Ereignisse in den einzelnen arabischen Staaten, gar über deren politische Ergebnisse, sind angesichts der Dynamik, mit der die Revolten und Revolutionen in der Region sich seit Anfang 2011 entfaltet haben, unmöglich. Bestenfalls lassen sich Szenarien entwerfen – plausible Vermutungen über die Zukunft also. Dabei kann auf Grundlage unseres heutigen Wissens relativ sicher angenommen werden, dass diese Staaten keinen einheitlichen Weg gehen werden. Zumindest kurzfristig, für die nächsten drei bis fünf Jahre, dürften sie sich hinsichtlich ihrer politischen Verfasstheit und Entwicklung sogar stärker voneinander unterscheiden als vor Beginn des Umbruchs.

Dem Szenario, das hier entworfen werden soll, liegt die Annahme zugrunde, dass sich vier Gruppen von Ländern mit je unterschiedlichen Entwicklungslinien herausbilden werden. Der Einfachheit halber werden sie bezeichnet als demokratische Konsolidierer, halb demokratische Transformateure, gefährdete Regime und ressourcenreiche Ausharrer.

Demokratische Konsolidierer

Zur Gruppe der demokratischen Konsolidierer gehören Staaten wie Tunesien und Ägypten, perspektivisch auch ein zukünftiger Staat Palästina sowie der Libanon. Die Entstehung konsolidierter Demokratien ist hier möglich, allerdings nicht garantiert. Der Erfolg des demokratischen Experiments in Tunesien wird stark von europäischer Unterstützung abhängen. Ein demokratisches Ägypten wird Schwächen haben, aber es kann gleichwohl eine funktionierende Demokratie werden. In Palästina und Libanon stehen die inneren Verhältnisse im Schatten des Nahostkonflikts: Nur bei einer friedlichen Regelung des israelisch-palästinensischen Konflikts auf der Grundlage einer Zwei-Staaten-Lösung können sich auch stabile demokratische Verhältnisse in dem palästinensischen Staat, der dann neben Israel entstehen wird, entwickeln. Ebenso gilt, dass der Libanon ohne eine regionale Entspannung, möglichst auf Grundlage eines Friedensabkommens zwischen Israel und Syrien, immer eine fragile Demokratie bleiben wird, in der interne Akteure wie die Hizbullah und andere bereit sind, den inneren Frieden des Landes und seine demokratischen Institutionen zur Geisel ihrer Bindungen an andere Staaten der Region zu machen.

Die Entwicklungen in Tunesien und Ägypten werden auf andere Länder in der Region ausstrahlen. In Tunesien sind viele der lokalen Voraussetzungen, derer es bedarf, um aus dem demokratischen Aufbruch auch eine stabile Demokratie werden zu lassen, vorhanden: Tunesien ist nicht nur, wie die meisten arabischen Staaten, ein Land mittleren Einkommens, sondern zeichnet sich auch durch eine starke Mittelschicht aus, eine gut informierte Bevölkerung, die sich oft genug politisch an Europa orientiert, durch funktionierende Institutionen und eine große Bereitschaft bei den relevanten Akteuren, sich auf demokratische Verfahrensweisen einzulassen. Die größte Gefahr scheint hier zu sein, dass die junge Demokratie nach den ersten vier, fünf oder mehr Jahren an Zustimmung verliert, wenn immer mehr Bürger deren Wert bezweifeln, weil sie keine Arbeit finden; wenn populistische Gruppen mit einfachen islamistischen oder nationalistischen Parolen Zulauf gewinnen oder die demokratisch gewählte, aber nicht durchsetzungsfähige Regierung zusammenbricht. Das Land wird über längere Zeit Unterstützung brauchen, um die sozialen Probleme in den Griff zu bekommen, die das alte Regime ignoriert hat. Von seinen direkten Nachbarn Algerien und Libyen kann es keine Hilfe erwarten, vielmehr besteht die Gefahr, dass es von Instabilitäten in diesen Ländern betroffen sein könnte. Insofern kommt hier der Europäischen Union eine entscheidende Rolle zu; wirtschaftlich ist das Land ohnehin vornehmlich auf Europa ausgerichtet.

In Ägypten wird der Einfluss des Auslands geringer sein, obwohl das ausländische Interesse größer ist. Ägypten wird ausländische Hilfen und Unterstützung annehmen, aber es wird unter fast jeder denkbaren Regierung groß und selbstbewusst genug sein, um sich von außen nicht in die Innenpolitik hineinreden zu lassen. Der Oberste Militärrat, der nach der Revolution die Staatsgewalt übernommen hat, unterstrich dies bereits, als er trotz akuter Wirtschafts- und Finanzprobleme ein Kreditangebot des Internationalen Währungsfonds ablehnte und ankündigte, bei den bevorstehenden Wahlen auf ausländische Wahlbeobachter verzichten zu wollen. Man könne mit diesen Herausforderungen in Ägypten selbst umgehen, so die Botschaft. Und man kann es wahrscheinlich auch. Allerdings hätten andere Entscheidungen das internationale Vertrauen wohl eher gestärkt. Die weitere politische Entwicklung Ägyptens wird deshalb vor allem von der Klugheit der unterschiedlichen alten und neuen Akteure auf der politischen Bühne und von deren Bereitschaft abhängen, Probleme miteinander zu lösen. Das betrifft das Militär, die Regierung und die Bürokratie genauso wie die neuen Parteien, die Muslimbruderschaft, die Protestbewegung, Gewerkschaften und die Unternehmer.

Letztlich liegt eine der größeren Herausforderungen des politischen Wandels in der Entwicklung einer neuen politischen Kultur, nicht nur in der Bildung neuer Parteien. Hier sind sich – erstaunlicherweise vielleicht – ganz unterschiedlich positionierte Beobachter und Teilnehmer ägyptischer Politik prinzipiell sogar einig. Genannt wird in diesem Zusammenhang etwa die Bereitschaft, Mehrheitsentscheidungen zu akzeptieren, politische Differenzen gewaltlos auszutragen, Kompromisse finden zu wollen und eher lösungsorientiert und mit Blick auf Sachfragen als mit einfachen ideologischen Slogans zu werben. Ein Funktionär der Muslimbruderschaft betont dabei, dass man zunächst noch lernen müsse, wie man in demokratischen Verhältnissen zu einer Einigung komme: »Wir haben eine solche politische Kultur noch nicht.« Die Bruderschaft habe deshalb sogar, weil man ja selbst nicht so richtig wisse, wie so etwas funktioniere, bereits Kontakt mit Norwegen und Finnland aufgenommen, um etwas über Entscheidungsprozesse in

Koalitionsregierungen zu lernen. Ein liberaler ehemaliger Diplomat betont eher die Notwendigkeit, Differenzen auszuhalten: Das Problem sei, sagt er, dass die Ägypter nicht wüssten, wie man Meinungsunterschiede lebt und »demokratisch« mit ihnen umgeht. Seit 1952, seit dem Coup der »Freien Offiziere« unter Gamal Abd al-Nasser, habe es so etwas ja nicht mehr gegeben. Man müsse dies jetzt erst wieder üben.

Damit hat Ägypten 2011 zumindest begonnen. Es gibt Debatten über Verfassungsprinzipien, die Bildung von Parteien und einen echten politischen Wettbewerb bei Parlaments- und Präsidentschaftswahlen. Wenn nach erfolgreichen, also fairen und sauberen Wahlen, aus denen ein frei gewähltes Parlament und ein frei gewählter Staatschef hervorgehen, legitime Institutionen geschaffen worden sind, ist auch die Frage beantwortet, wann die Revolution eigentlich vollendet sei. Schließlich kann eine aus demokratischen Wahlen hervorgegangene Regierung ihre Legitimität nicht mehr vom Tahrir-Platz beziehen. Die tragenden Kräfte der Protestbewegung werden zum Teil ihre Aufgabe als erfüllt ansehen oder sich selbst in Parteien organisiert und zur Wahl gestellt haben.

Trotz aller wirtschaftlichen und sozialen Probleme sind die Aussichten für die demokratische Zukunft Ägyptens nicht schlecht. Die starke Identifizierung der Ägypter mit ihrem Land – und miteinander – trägt dazu bei, ebenso die prinzipielle Verpflichtung des Militärs und aller politischen Kräfte zur Demokratie, nicht zuletzt aber auch die Erfahrung einer Volksrevolution, die Regierende und Regierte davon ausgehen lässt, dass ein erneuter Machtmissbrauch – durch welche Regierung auch immer – von den Bürgern nicht toleriert würde. All dies ist keine Garantie, bietet aber Chancen für eine dauerhafte Etablierung demokratischer

Institutionen. Dabei sollte man nach Jahrzehnten des Autoritarismus nicht unbedingt eine Demokratie nach dem Muster Norwegens erwarten, sondern eher eine Entwicklung wie in Indonesien oder Argentinien, wo zwar regelmäßige, freie Wahlen stattfinden, demokratische Verhaltensweisen aber bisher nicht immer sehr tief verankert sind.

Halb demokratische Transformationen

In Jordanien, Marokko und Kuwait wie auch in Algerien und dem Irak sind verhandelte, also nicht-revolutionäre Transformationen zu pluralistischeren, demokratischeren Regierungsformen möglich und denkbar. Dabei könnten Marokko und Jordanien, Kuwait und vielleicht auch Oman sich durch ein Zusammenwirken von gesellschaftlichem Druck und Initiativen der Herrscherhäuser weiter in Richtung konstitutioneller Monarchien entwickeln. Zumindest für Marokko und in etwas geringerem Maße für Jordanien gilt, dass eine permanente und ernsthafte Ermutigung solcher Schritte durch die europäischen Staaten von Bedeutung ist: Die Anreize, die Europa in Form von Marktzugangsmöglichkeiten, wirtschaftlicher und technischer Hilfe oder Visaerleichterung bieten kann, sind für die Regierungen hier, anders als für die Monarchien am Golf, durchaus die eine oder andere Konzession an die eigene Gesellschaft wert. In all diesen Staaten sind ausbaufähige Elemente demokratischer Beteiligung vorhanden, in Kuwait und Oman, wo erst einmal Parteien zugelassen werden müssten, allerdings weniger als in Jordanien und Marokko.

Marokko könnte mit seinem Prozess der Verfassungsrevision ein Beispiel dafür bieten, wie eine zwar gesteuerte und graduelle, aber spürbar weitere Öffnung des politischen

Systems erreicht werden kann. Dazu gehörten eine Stärkung sowohl der Rechte des Parlaments wie auch der Unabhängigkeit der Justiz. Die marokkanische Monarchie hat dabei nur wenig Macht abgegeben und es dennoch geschafft, sich bei der Abstimmung über diese Maßnahmen eine Mehrheit von mehr als neunzig Prozent zu sichern. Mit der Volksabstimmung wurde allerdings auch dokumentiert, dass Verfassungen ihre Legitimität durch das Volk, nicht durch royales Dekret erhalten. Was auch heißt, dass die Entwicklung in Marokko keineswegs an ihr Ende gelangt ist. Auch wenn sich keine dieser Monarchien kurz- oder mittelfristig zu einer Demokratie mit königlichem Staatsoberhaupt, wie etwa in Spanien, verwandeln dürfte, werden einige schon aus Interesse am Erhalt des Systems bereit sein, schrittweise mehr gesellschaftlichen und politischen Pluralismus, größere politische Beteiligung und eine effektivere oder, im omanischen Fall, überhaupt eine Form von Gewaltenteilung zuzulassen. Gegenläufige Tendenzen sind nicht auszuschließen, falls etwa Saudi-Arabien versuchen sollte, die anderen Mitgliedsländer des Golfkooperationsrats und Jordanien von zu deutlichen politischen Öffnungsschritten abzuhalten.

Irak und Algerien sind ihren Verfassungstexten nach demokratische Staaten; Institutionen demokratischen Regierens und einer pluralistischen Ordnung sind auch durchaus vorhanden. Nur kann man in beiden Fällen bestenfalls von dysfunktionalen Demokratien sprechen: Das Militär, Parteimilizen oder autoritär strukturierte Parteien dominieren; Entscheidungsprozesse bleiben intransparent; den wichtigsten Akteuren fehlt es an Vertrauen zueinander; politische Kräfte, die demokratische Verfahrensweisen tatsächlich akzeptieren, sind rar oder jedenfalls nicht in entscheidende Positionen vorgedrungen. Die Tatsache aber, dass es demokratische Verfassungen, regelmäßige Wahlen und aktive zivilgesellschaftliche oder gewerkschaftliche Organisationen gibt, macht einen demokratischen Wandel, bei dem sich die Verfassungswirklichkeit den Texten annähert, zumindest nicht undenkbar. Entscheidend dürfte zu einer solchen Entwicklung beitragen, dass eine Generation heranwächst, die nicht mehr in erster Linie durch Diktatur und Bürgerkrieg geprägt ist, die alte Frontstellungen nicht mehr akzeptiert und eine Verwirklichung politischer und sozialer Rechte einfordert. Zeichen ausländischer Partner, dass man nicht nur am Öl, am Gas und an den Märkten, sondern auch an der inneren Entwicklung dieser Länder interessiert ist, können hilfreich sein. Aufgrund ihres Ölreichtums werden Bagdad und Algier sich allerdings wegen solcher Ratschläge wenig Kopfzerbrechen machen. Nur anhaltender gesellschaftlicher Druck, gerade aus der jungen Generation, könnte auch im Irak die vorhandenen demokratischen Institutionen mit Leben erfüllen und in Algerien das Militär allmählich aus der aktiven Politik hinausdrängen. Gesichert ist dies nicht.

Gefährdete Regime als Gefahr für den Staat

Für die dritte Gruppe von Staaten lässt sich kaum ein gemeinsames Szenario ausmalen. Wir reden hier von Regimen, die durch ihre Regierungsführung den Zusammenhalt ihrer Staaten selbst gefährdet oder durch ihren gewaltsamen Widerstand gegen politische Veränderungen bewirkt haben, dass eine solche Veränderung nur gewaltsam stattfinden wird. Hier besteht die konkrete Gefahr, dass die Gewalt auch nach dem Ende der Regime anhält und Versöhnung sowie der Aufbau einer neuen politischen Ordnung besonders schwer zu erreichen sein werden. Für Libyen trifft diese Beschreibung zweifellos zu. Sie könnte auch die Zukunft des

Jemen, möglicherweise auch Syriens und Bahrains charakterisieren, muss es aber nicht.

In Libyen und Jemen werden die Alternativen zu den Regimen von Muammar al-Qadhafi und Ali Abdullah Salih nicht unbedingt demokratisch sein. Ähnliches gilt wohl für den Sudan, wenn das Regime in Khartum durch einen Volksaufstand oder einen erneuten Coup gestürzt würde. Die Bandbreite kann dabei von tribalen und regionalen Machtteilungsarrangements mit mehr oder weniger demokratischen Schmuckelementen bis zum Auseinanderbrechen der Staaten reichen.

In Libyen ist völlig unabsehbar, wie sich ein staatlicher, institutioneller und letztlich auch gesellschaftlicher Neuaufbau gestalten wird. Die eigentlichen Träger des Aufstands gegen das Qadhafi-Regime waren junge Leute und städtische Gegeneliten vor allem, aber nicht nur aus dem Osten des Landes, nach und nach auch Mitglieder der Funktionselite des alten Regimes, die sich oft auf tribaler oder regionaler Grundlage zur Teilnahme am Aufstand entschlossen. Diese Gruppen dürften den größten Teil der Macht für sich reklamieren, müssen aber darauf achten, andere regionale und gesellschaftliche Interessen nicht zu ignorieren. Die Stämme, auch wenn der Aufstand keine Stammesrebellion war, werden eine Rolle bei der Befriedung des Landes spielen. Auch der kleine Stamm Qadhafis und verbündete Stämme, auf die das alte Regime sich gestützt hat, müssen integriert werden, wenn nicht gleich ein neuer Konflikt angelegt werden soll. Verlässliche Institutionen gibt es noch nicht, und solange das so ist, dürften die meisten dieser Kräfte daran interessiert sein, bestimmte Anteile an den Öleinnahmen, Zugänge zu Jobs und zu politischen Positionen auszuhandeln und dies nicht den Ergebnissen einer Wahl zu überlassen, deren Gewinner geneigt sein könnten, alles zu monopolisieren. Denn wer immer die Einnahmen aus dem Öl kontrolliert, wird sich weder von außen viel sagen lassen noch unbedingt für eine faire Verteilung sorgen. Das spricht dafür, dass eher eine Art tribaler und kommunaler Föderation entstehen könnte als ein demokratischer Staat. Auch dies wäre allerdings eine positive Entwicklung. Schließlich lassen sich auch ein Bürgerkrieg um die Kontrolle der Ölinfrastruktur und eine längere Spaltung des Landes nicht völlig ausschließen.

Für den Jemen gibt es mittelfristig wenig wirklich gute Aussichten. Eine Spaltung, möglicherweise ein Auseinanderfallen des Staates in mehrere Gebietseinheiten, ist nicht weniger wahrscheinlich als die Einigung auf eine politische Lösung für das ganze Land. Diese würde vermutlich einen Verfassungskompromiss verlangen, der eine weitgehende Dezentralisierung garantiert. Saudische Vermittlung kann hier zweifellos helfen. Aber um ein haltbares politisches und konstitutionelles Arrangement auszuhandeln und zu implementieren und die drängendsten sozialen und wirtschaftlichen Probleme zu lösen, bedarf es mehr als eines neuen Elitenkompromisses, bei dem nur die Zugänge zu den Öleinnahmen und den finanziellen Zuwendungen aus Saudi-Arabien und den USA neu verteilt werden. Zunächst wäre die Kooperation aller Kräfte, die den Jemen an den Rand des Bürgerkriegs getrieben haben, notwendig – der unterschiedlichen Fraktionen in den Streitkräften genauso wie der der tribalen Milizen und der Parteien. Die Jugend- und Protestbewegung war zu schwach, um die Usurpation ihres demokratischen Aufbegehrens durch die sehr viel weniger demokratischen Parteien verhindern zu können. Vertreter dieser Bewegung sollten bei Verhandlungen über die Zukunft des Staates aber sinnvollerweise eine Rolle spielen, denn hier ist zumindest ein echtes Interesse an politischen Veränderungen vorhanden, die Korruption und Patronage einschränken würden.

Nur entspricht das nicht unbedingt dem Interesse der bewaffneten Gruppen oder der saudischen Nachbarn.

Wie im Jemen gibt es auch bei unterschiedlichen Gruppen in Syrien und Bahrain die echte Sorge, dass es zu einer Polarisierung, schlimmstenfalls zum Zerfall des Staates entlang ethnischer oder konfessioneller Linien kommen könnte. Die Regime in Damaskus und Manama wurden unter gesellschaftlichem Druck eher rigider, und auch bei den Oppositionsbewegungen ist die Erwartung gering, dass substantielle Veränderungen friedlich zustande kommen könnten. In Bahrain kann der im Grunde lokale Herrschaftskonflikt sich immer noch und immer wieder zum Teil einer regionalen Auseinandersetzung entwickeln oder dazu instrumentalisiert werden.

Einen Absturz in Chaos und Gewalt muss es nicht geben. Bahrain hatte alle Chancen, wie Marokko oder zumindest wie Kuwait in Richtung mehr parlamentarischer Beteiligung zu gehen und damit den Staat zu stärken. Es hat diese Chance vermutlich immer noch, dürfte aber, wenn es auf ernsthafte Reformen verzichtet, in den kommenden Jahren von sehr ähnlichen Protesten herausgefordert werden wie 2011. Nur könnten dann radikalere Elemente, die einen Sturz der Monarchie verlangen, die Oberhand über die Kräfte gewinnen, die auf Konstitutionalisierung drängen.

Syrien unter Bashar al-Asad hat ebenfalls die Chance einer verhandelten, graduellen Demokratisierung verpasst. Für die Entwicklung Syriens in den kommenden Jahren lässt sich fast keine Option ausschließen, ein Militärputsch und die Errichtung eines neuen autoritären Regimes genauso wenig wie ein ethnisch-konfessioneller Bürgerkrieg und die Abspaltung eines alawitischen Kleinstaates in der Küstenregion. Allerdings sind auch ein umfassender nationaler Dialog unter dem Schutz des Militärs und die Wiederentstehung eines demokratisch-parlamentarischen Systems denkbar. Die erste wie die dritte Option würden am ehesten zur politischen Kultur des Landes passen, beide haben historische Präzedenzen. Tatsächlich dürfte der Verlauf des Umbruchs die Zukunft Syriens wesentlich determinieren: Ohne Gewalt, die nicht zuletzt von denen ausgehen wird, die Macht und Privilegien verlieren, wird dieser Umbruch nicht stattfinden. Wenn das Land es aber schafft, nicht in einen Bürgerkrieg abzugleiten, kann auch ein – sicherlich mühsamer – Dialogprozess zustande kommen, der neues Vertrauen schafft und zur Einigung auf eine demokratische Ordnung führt. Ein Teil der syrischen Gesellschaft würde sich dabei an Ägypten orientieren – wenn die ägyptische Demokratie sich festigt jedenfalls –, ein anderer eher an der Türkei. Die Türkei ist wohl auch einer der wenigen externen Akteure, die als Unterstützer und Vermittler in einem solchen Prozess akzeptiert würden.

Ausharren oder Anpassen

Saudi-Arabien, die Vereinigten Arabischen Emirate, Kuwait und Katar können der regionalen politischen Druckwelle nicht entgehen, dürften sie zunächst aber weiter kanalisieren können. Das liegt nicht nur an ihrer finanziellen Ressourcenausstattung, sondern zum Teil auch daran, wie sie sich politisch aufstellen. Das Emirat Katar, das haben wir gesehen, wahrt seine Legitimität durch hohe Einkommen und Sozialleistungen für die eigenen Bürger und dadurch, dass es sich mit *al-Jazeera*, mit Hilfsleistungen für die Umbruchländer und im libyschen Fall sogar als Teil der internationalen Militärkoalition an die Spitze der regionalen Veränderungsbewegung setzt.

Katar, die VAE und Kuwait sind nicht nur – pro Kopf der Bevölkerung gerechnet – viel reicher als Saudi-Arabien, Kuwait erlaubt seinen Bürgern auch mehr Mitsprache; alle drei Staaten sind sozial und kulturell weniger rigide; in allen haben Frauen mehr Rechte. Als kleinere Staaten, das beweist vor allem der Kleinststaat Katar, sind sie wendiger als das große, vergleichsweise bevölkerungsreiche Saudi-Arabien.[78] In der regionalen und internationalen Politik können sie Nischen besetzen und mit Blick auf die innere Verfasstheit des Landes sehr viel rascher Veränderungen vollziehen. Saudi-Arabien ist dagegen ein schwer manövrierfähiger Supertanker. Nur: Auf Saudi-Arabien kommt es wirklich an.

Die Maßnahmen, die Riad 2011 ergriffen hat, um eine vergleichsweise kleine Protestbewegung einzudämmen, sind nicht zukunftsträchtig, und das nicht nur, weil man sich Ausgabenpakete dieser Größenordnung nicht immer wieder leisten kann. Mehr Subventionen für die Bürger lösen auch keines der strukturellen sozialen Probleme im Land, und sie lassen die politischen Fragen unbeantwortet, die von immer mehr Männern und Frauen gestellt werden.

Der saudische Staat und auch die saudische Monarchie genießen durchaus Legitimität durch die generelle Akzeptanz ihrer Bürger. Um das Staatsmodell aufrechtzuerhalten, wird das Königreich allerdings spürbare Reformen durchführen müssen. Dass der politisch-soziale Druck bislang begrenzt blieb, liegt auch daran, dass viele der soziodemografischen Entwicklungen, die die arabische Welt insgesamt betreffen, hier später einsetzten. Noch sind die saudische Mittelschicht und insgesamt der Anteil von Saudis, die auf eigene Arbeit angewiesen sind, vergleichsweise klein, und die sozialen Gegensätze sind weniger krass als in anderen arabischen Staaten. Die Gesellschaft ist fragmentierter; eine saudische Identität – anstelle von regionalen und konfessionellen Identitäten – hat sich erst in den letzten ein, zwei Jahrzehnten tatsächlich herausgebildet. Regionale Beobachter dürften allerdings zu Recht davon ausgehen, dass Saudi-Arabien innerhalb der nächsten fünf bis zehn Jahre einen ähnlichen gesellschaftlich-politischen Druck verspüren wird wie all die Staaten, die 2011 bereits von Aufständen und Revolten erfasst wurden – jedenfalls dann, wenn das Regime nicht vorher grundlegende Veränderungen auf den Weg bringt.

Schon heute hat der noch recht vereinzelte Protest von gebildeten Mittelschichtangehörigen und Frauen das System in Unruhe versetzt. Und die Basis zukünftiger Proteste wächst rasant: 2011 studierten etwa 110 000 junge Saudis im Ausland, etwa 30 000 davon Frauen. Viele dieser welterfahrenen jungen Leute werden, wenn sie nach Hause kommen, wenig Lust haben, die archaischen Verhältnisse zu akzeptieren, wie sie sind, werden Rechte und grundlegende Änderungen anmahnen. Dies dürfte umso mehr gelten, wenn andere große arabische Staaten wie Ägypten als Demokratien erfolgreich sind. Der überwiegende Teil dieser Studenten und Studentinnen profitiert übrigens von einem königlichen Stipendienprogramm, das weiter ausgebaut werden soll. Wie in anderen Bereichen ist das Problem hier nicht, dass der König oder das Herrscherhaus nicht die Richtung erkennen würden, in die das Land sich entwickeln muss, sondern dass sie nicht bereit oder in der Lage sind, die politischen Konsequenzen aus dieser Erkenntnis zu ziehen.

Es ist allerdings unklar, ob die saudische Führung wirklich versteht, was die heutige Generation der Hochschul- oder der Schulabgänger umtreibt. Die Generationenlücke könnte kaum größer sein: Die Hälfte der Bevölkerung ist jünger als 25, die Führungsriege stammt aus einem anderen Zeitalter, hat völlig andere Erfahrungen. 2011 ist König Abdullah 87 Jahre alt; als aussichtsreichster Nachfolgekandidat gilt sein jüngerer Bruder Naif, der 79-jährige Innenminister. Weiter unten in der Linie rangiert sein weitere drei Jahre jüngerer Bruder Salman. Im Fall eines mutigen Sprungs in die nächste Generation gilt der 1941 geborene Saud bin Faisal, der immerhin seit 1975 als Außenminister tätig ist, als aussichtsreich.

Saudi-Arabien, aber auch die anderen Golfmonarchien werden, wenn sie die Bevölkerung und insbesondere die wachsende gebildete Mittelschicht nicht verlieren wollen, kaum umhinkommen, sich in Richtung konstitutioneller Monarchien zu entwickeln oder fortzuentwickeln, Parlamente wählen zu lassen und mit legislativen Rechten auszustatten, grundlegende Bürgerrechte und Freiheiten zu verankern sowie die Diskriminierung von Frauen und konfessionellen Minderheiten zu überwinden. Andernfalls, so ein durchaus regimenaher saudischer Kommentator, werden diese Monarchien politische Unruhen erleben, die sie nicht überstehen werden.[79]

Ob die saudischen Herrscher dann Panzer auf die Straßen schicken, um – nach dem Muster Bahrains, nur in größerem Stil – die Proteste blutig zu ersticken und noch einmal Zeit zu gewinnen, ob es einen Palastcoup mithilfe des Militärs, einen solchen Coup gegen das Königshaus oder einen Zusammenbruch staatlicher Autorität in einzelnen Teilen des Landes, nicht zuletzt in der Ostprovinz, geben wird, ist nicht absehbar. In jedem Fall würde ein Umsturz – und erst recht anhaltende Unruhen – in Saudi-Arabien regionale und weltwirtschaftliche Schockwellen auslösen.

Saudi-Arabien kann sich entscheiden, ob es die Grundstrukturen des Landes reformieren oder ängstlich abwartend sich auch regional zum Anführer der Beharrungskräfte machen will. In letzterem Fall könnte man bei einer inneren Krise recht isoliert dastehen. Die USA werden, dies erkennt man in Riad durchaus, das Königreich zwar gegen externe Angriffe zu verteidigen bereit sein, aber keine Garantien zum Schutz gegen innenpolitische Bedrohungen geben. Die Lektion aus der Entwicklung in Libyen besteht darin, dass sich mit Ölreichtum alleine die Stabilität nicht erhalten lässt. Auch ein Regime, das über große Einkommen verfügt und die Bürger subventionieren kann, braucht Legitimität. Das gilt in erster Linie nach innen, gegenüber den eigenen Bürgern, aber auch gegenüber der regionalen und internationalen Umwelt.

Macht- und Einflussverschiebungen im arabisch-nahöstlichen Raum

Auch wenn der Verlauf der Umbruchprozesse in den einzelnen Staaten noch offen ist, zeichnet sich bereits ab, dass dadurch die regionalpolitische Gewichts- und Rollenverteilung beeinflusst wird. Unter den regionalen Staaten werden dabei vor allem Ägypten, Saudi-Arabien, Iran und Israel sowie, als gewissermaßen nächster externer Akteur, die Türkei zu beobachten sein.

Andere Staaten sind deshalb nicht bedeutungslos. Syrien etwa wird in der Arabischen Liga und in der Region immer eine Rolle spielen, auch wenn es für einige Jahre mit einem politischen Neuaufbau im Innern oder, im schlimmsten Fall, mit anhaltenden gewaltsamen inneren Auseinandersetzungen beschäftigt sein wird. Auch das wird Auswirkungen auf die Nachbarschaft, vor allem auf den Libanon haben. Syrien ist über Jahrzehnte der quintessentielle »Frontstaat« im arabisch-israelischen Konflikt sowie der wichtigste Verbündete Irans gewesen. Wohin Syrien sich bewegt, wird deshalb auch die Aussichten für einen umfassenden regionalen Frieden und die Machtverteilung unter den Schwergewichten –

Ägypten, Iran, Türkei – beeinflussen. Dabei verfügt Syrien selbst eher über Verhinderungs- als über Gestaltungsmacht: Es kann andere daran hindern, Nützliches oder weniger Nützliches durchzusetzen, wird aber selbst das regionale Geschehen in den kommenden Jahren kaum aktiv gestalten können. Gleichwohl werden Regierungen und Oppositionsbewegungen anderer Länder die politischen Entwicklungen Syriens genau beobachten: Wenn Syrien, diese Bastion autoritären Beharrens, sich grundlegend verändert, wird es auch in Ländern wie Jordanien, Bahrain und Algerien, vielleicht auch in Iran (noch) schwieriger werden, den Status quo aufrechtzuerhalten.

Einige Klein- und Kleinststaaten werden Nischen ausfüllen, als Medienstandort etwa oder als Quelle von Finanzhilfen. Katar könnte zudem versuchen, sich als Mediator in regionalen Krisen weiter zu profilieren. So hat Katar sich immer wieder um Vermittlung zwischen der sudanesischen Regierung und diversen Rebellengruppen aus Darfur bemüht und dabei auch Teilerfolge erzielt. Die enorme Ressourcenausstattung des Landes, der Anspruch, auf der großen Bühne mitzuspielen, und die Bereitschaft, seine Ressourcen auch diplomatisch einzusetzen, befähigen das kleine Land zu einer solchen Rolle.

Die regionale Politik im Nahen und Mittleren Osten wird in den kommenden Jahren durch die Konkurrenz um Macht, Einfluss und Ressourcen bestimmt sein. Der Nahostkonflikt und der Hegemonialkonflikt am Persischen Golf werden die regionale und internationale Politik weiter beschäftigen: Ohne eine friedliche Regelung des im Kern territorialen Konflikts zwischen Israel und den Palästinensern und ohne ein konstruktives Management der Beziehungen zwischen Iran, seinen arabischen Nachbarn und der internationalen Gemeinschaft werden diese Konflikte auch weiterhin viele sinnvolle Bemühungen um mehr wirtschaftliche Zusammenarbeit und Integration in der Region unterminieren. Auch die Errichtung einer regionalen Sicherheitsstruktur, so notwendig sie ist, wird kurzfristig für die Akteure in der Region kaum Priorität erlangen. Staaten werden sich von ihren nationalen Interessen leiten lassen, wobei eine Pluralisierung der Politik auch eine breitere Diskussion darüber erlauben dürfte, was dieses nationale Interesse eigentlich ist und verlangt. Die Demokratisierung einzelner Staaten wird die regionalen Konflikte aber nicht einfach verschwinden lassen, könnte sie in einzelnen Fällen sogar akzentuieren. In Ägypten etwa wird dem alten Regime neben den inneren Fehlleistungen und Missständen vorgeworfen, die Interessen des eigenen Landes nicht ausreichend vertreten, sich vielmehr zu sehr an den Interessen der USA und Israels orientiert zu haben.

Ägypten als Trendsetter

Ägyptens innere Stagnation im letzten Jahrzehnt der langen Herrschaft Husni Mubaraks spiegelte sich in einem zunehmenden außenpolitischen Einflussverlust. Der politische Umbruch in Kairo wird sich, mit tendenziell umgekehrten Vorzeichen, ebenfalls außen- und regionalpolitisch auswirken. Vieles spricht dafür, dass Ägypten nach einer Phase der Konsolidierung das zurückgewinnt, was ägyptische Diplomaten und außenpolitische Vordenker seine »natürliche Rolle« im Nahen und Mittleren Osten nennen.

Als geopolitischer Mittelpunkt und bevölkerungsreichster Staat der Region mit großen wirtschaftlichen, diplomatischen, militärischen und kulturellen Potentialen verfügt Ägypten über die Ausstattungsmerkmale und Instrumente einer mittleren Führungsmacht. Es hat dadurch in der jüngeren Geschichte immer wieder, positiv wie negativ, die Rolle eines Trendsetters gespielt: der erste arabische Staat, der eine haltbare Militärdiktatur mit arabisch-nationalistischer Agenda errichtete, der erste aber auch, der nach mehreren Kriegen, die ohne Ägypten nicht geführt worden wären, Frieden mit Israel schloss. Wenn Ägyptens Demokratisierung »gelingt«, wird Kairo auch wieder stärker zum Orientierungspunkt für politische und gesellschaftliche Debatten in der arabischen Welt werden.

Das neue Ägypten wird zweifellos erneut eine aktivere regionale Politik betreiben. So setzte Kairo schon in der Umbruchphase einen eigenen Kandidaten, seinen Außenminister Nabil al-Arabi, für den frei gewordenen Posten des Generalsekretärs der Arabischen Liga durch und bemühte sich um einen neuen, sehr viel kooperativeren Ansatz im Umgang mit den anderen Nil-Anrainern. Eine demokratisch legitimierte Führung Ägyptens dürfte gerade in Washington und in den europäischen Hauptstädten offene Türen vorfinden, eher noch als das Regime Husni Mubaraks, das zwar als strategischer und wirtschaftlicher Partner geschätzt, aber nie zu einem echten politischen Partner wurde. Ein demokratisch gewählter ägyptischer Präsident und eine demokratisch gewählte Regierung werden auf der anderen Seite sehr selbstbewusst auftreten – auch gegenüber Europa, den USA und Israel.

Zwar wird keine relevante politische Kraft in Ägypten den Friedensvertrag mit Israel aufkündigen wollen. Man wird sich aber auch nicht mehr zum Hilfspolizisten Israels an der Grenze zwischen Ägypten und dem Gazastreifen machen lassen. Es ist anzunehmen, dass ein demokratisches Ägypten Israel gegenüber signalisieren wird, dass der jüdische Staat nun erstmals die Chance hat, Frieden mit den Nachbarvölkern und nicht nur mit deren autokratischen Herrschern zu schließen. Dies setzt aber die Bereitschaft zu einer Form der Konfliktregelung voraus, die auch von der Öffentlichkeit der arabischen Staaten als fair empfunden wird. Es ist nicht auszuschließen, dass ägyptische Politiker und Diplomaten gerade in Washington die neue, demokratische Natur ihres Staates herausstreichen werden, und zwar nicht nur, weil amerikanische Politiker Verständnis dafür haben, dass ein Präsident durch ein aus ausländischer Sicht oft irrational und provinziell agierendes Parlament gehandicapt sein kann, sondern auch, um in der Konkurrenz mit Israel darauf zu verweisen, dass es mehr als einen demokratischen Staat im Nahen Osten gibt. Und Ägypten wäre dann mit Abstand die größte Demokratie der Region.

Israel und der Konflikt im Nahen Osten

Israel selbst hat auf die Veränderungen in seiner arabischen Umwelt bislang – diplomatisch gesprochen – mit großer Zurückhaltung, zum Teil auch mit Furcht und Sorge reagiert. Der jüdische Staat war, gleich unter welcher der letzten Regierungen, mit dem regionalen Status quo im Grunde zufrieden. Der zwar nicht »warme«, aber stabile Frieden mit Ägypten hatte Israel erlaubt, den Anteil der Verteidigungsausgaben am Bruttoinlandsprodukt von 30 auf unter 10 Prozent zu senken und dabei militärisch freie Hand zu behalten. Man habe gewusst, so ein ehemaliger Nationaler Sicherheitsberater im Gespräch, dass »wir im Libanon, in der Westbank oder an anderer Stelle militärische Auseinandersetzungen führen konnten und dennoch von Ägypten nicht bedroht werden würden«.[80] An der Front zu Syrien herrschte ein verlässlicher Waffenstillstand, und trotz der wiederholten militärischen Auseinandersetzungen mit der libanesischen Hizbullah und des stagnierenden Friedensprozesses mit den Palästinensern gab es für Israel keinerlei existentielle Bedrohung aus der unmittelbaren Nachbarschaft. Ob der fernere Iran wirklich eine »existentielle« Bedrohung darstellt, wird auch in israelischen Sicherheitskreisen kritisch diskutiert.

Die arabischen Aufstände und Revolutionen lösten deshalb zunächst einmal die Befürchtung aus, dass die regionalen Verhältnisse in Unruhe versetzt werden könnten. Konkret kam dazu die Sorge, dass sich in Ägypten bei freien Wahlen israelkritische, wenn nicht gar israelfeindliche und religiös-extremistische Kräfte durchsetzen könnten, die den Friedensvertrag mit Israel wohl nicht aufkündigen, Israel aber auch nicht versichern würden, dass dies nicht geschieht. Einige Israelis fürchteten auch, dass ihr Land angesichts geglückter, demokratischer Umbrüche in Ägypten und anderen Staaten seine Exklusivität als einziger demokratischer Staat im Nahen Osten verlieren könnte, was gerade für die amerikanische Unterstützung des jüdischen Staates immer von großer Bedeutung gewesen ist. Sie fürchteten ferner, dass der regionale wie der internationale Druck auf Israel zunehmen könnte, im Friedensprozess mit den Palästinensern Lösungen zu akzeptieren, die zumindest Teile des parlamentarischen Spektrums nicht mittragen würden.

Israel riskiert in der Tat, auch bei seinen internationalen Freunden weiteren Kredit zu verspielen, wenn es den Eindruck vermittelt, sich angesichts der Umwälzungen in der arabischen Welt in eine Wagenburg zurückzuziehen. Mehr noch, Israel könnte die eigene Zukunft gefährden, wenn es die Chance vertut, einen israelisch-palästinensischen Frieden auf der Grundlage der Zweistaatlichkeit zu schließen – zwei Staaten, Israel und Palästina, die friedlich nebeneinander leben, um die Formel des Sicherheitsrats zu benutzen. Hier ist nicht wichtig, wer im Laufe des langen Friedensprozesses wann welchen diplomatischen Fehler begangen oder Lösungen schon weitgehend zugestimmt hat. Es geht vielmehr darum, ob Israel letztlich bereit ist, den aus Sicht vieler Israelis vielleicht hohen, aber bekannten Preis zu zahlen: die – von verhandelten territorialen Ausgleichsmaßnahmen abgesehen – vollständige Aufgabe der 1967 besetzten palästinensischen Gebiete, um dort einen unabhängigen Staat Palästina entstehen zu lassen. Die Zweistaatenlösung ist nicht für die Palästinenser »erfunden« worden, sondern sie schafft eine Grundlage für die langfristige Existenz des jüdischen Staates, seine Akzeptanz als legitimes Mitglied der regionalen Staatengemeinschaft. Die Palästinenser dürften, wenn eine solche Lösung nicht zustande kommt, irgendwann ihre Forderung nach Eigenstaatlichkeit aufgeben und stattdessen einen binationalen Staat zwischen Jordan und Mittelmeer mit gleichen Bürgerrechten für alle Einwohner fordern. Angesichts der demografischen Entwicklungen wären die Juden hier eine Minderheit. Für Israel als jüdisch-demokratischen Staat liegt hier die eigentliche Bedrohung.

Angesichts der Umbrüche in Syrien ist eine rasche Wiederaufnahme syrisch-israelischer Friedensverhandlungen nicht zu erwarten. Jede syrische Regierung würde politisch und wirtschaftlich davon profitieren, wenn sie den besetzten Golan zurückerhielte. Vermutlich dürften aber die Regierungen in Damaskus aus israelischer Sicht zunächst zu schwach und zu instabil sein, um den Abschluss eines Friedensvertrags zu rechtfertigen, der auch hier einen erheblichen territorialen Preis und einen gewissen Preis an militärischer Sicherheit hätte. Gerade eine schwache syrische Regierung wird aber aus innenpolitischen Gründen nicht in der Lage sein, einen Friedensvertrag mit Israel »billiger«, also ohne eine volle Rückgabe des Golan, zu schließen. Ein direkter militärischer Schlagabtausch zwischen Israel und Syrien ist eher unwahrscheinlich. Beide Staaten wissen, dass sie damit sehr viel riskieren würden. Dies heißt aber nicht, dass militärische Auseinandersetzungen zwischen Israel und seinen Nachbarn ausgeschlossen sind: Israelisch-libanesische Spannungen könnten auch in den kommenden Jahren wieder aufflammen, besonders wenn bestimmende Kräfte in Damaskus oder Teheran die Aufmerksamkeit von inneren Konflikten ablenken wollen. Und solange Israel nicht zu einem Ausgleich mit den Palästinensern findet, bleibt eine neue Intifada gegen israelische Truppen und Siedlungen in der Westbank genauso denkbar wie eine neue Gewalteskalation zwischen Israel und der Hamas im Gazastreifen. Bei all dem gilt allerdings, dass in den arabischen Staaten allgemein, auch bei Mainstream-Islamisten wie den syrischen und ägyptischen Muslimbrüdern, mittlerweile die Überzeugung herrscht, dass die Zeit der großen Kriege mit Israel vorbei ist. Auch dies hat demografische Gründe: Israels Existenz wird gerade bei der jungen Generation als ein Faktum betrachtet. Man kennt nichts anderes. Eine breite Akzeptanz Israels als legitimer Teilhaber des regionalen Staatensystems, der dort seine wirtschaftliche Stärke einbringen könnte, wird aber von einer Regelung des Konflikts mit den Palästinensern abhängen, die auch von jungen Ägyptern, Syrern oder Saudis als fair empfunden werden kann.

Mächte am Golf: Saudi-Arabien und Iran

Anders als Ägypten dürfte Saudi-Arabien an regionalem Gewicht verlieren. Riad hat seit Beginn dieses Jahrhunderts eine aktivere regionale Politik betrieben. Dazu gehörten nicht zuletzt die beim Arabischen Gipfel von 2002 verabschiedete

Arabische Friedensinitiative und wiederholte Ausgleichs-
bemühungen in innerpalästinensischen oder innerlibanesi-
schen Konflikten. Dass Saudi-Arabien ein privilegierter An-
sprechpartner der USA und wichtigstes Gegengewicht Irans
am Persischen Golf wurde und als einziger nah- oder mit-
telöstlicher Staat Mitglied der G 20 ist, hat sein regionales
Gewicht zusätzlich gestärkt.

Wie viel seines regionalen Einflusses Saudi-Arabien behält oder verliert, hängt am wenigsten von der Rückkehr
Ägyptens als regionaler Führungsmacht ab. Das ägyptisch-
saudische Verhältnis ist nicht notwendigerweise ein Null-
summenspiel. Tatsächlich haben beiden Staaten immer,
wenn sie ihre Politik koordinierten, ihren Einfluss in der Region ausbauen können. Ägypten wird auch nicht versuchen,
Saudi-Arabien ideologisch herauszufordern – also etwa demokratische Bewegungen im Königreich aktiv unterstützen.
Kairo mag regional und international Riad gegenüber an
Position gewinnen, bilateral bleibt es aber auf ein gutes Verhältnis zu Saudi-Arabien sowie zu dessen Partnern im Golfkooperationsrat abhängig. Immerhin arbeiten bis zu sechs
Millionen Ägypter in den Golfstaaten, und Ägypten zählt
auf finanzielle Unterstützung der Golfmonarchien.

Für die regionale Stellung Saudi-Arabiens wird wichtiger
sein, wie das Königreich sich angesichts der politischen Umbrüche in der arabischen Welt positioniert und wer die Nachfolge von König Abdullah antreten wird. Ein betont konservativer, veränderungsresistenter Kurs wird die Legitimität
Saudi-Arabiens unterminieren und könnte auch das amerika-
nisch-saudische Verhältnis weiter beschädigen. Die Entsen-
dung saudischer Truppen nach Bahrain hat dem Ansehen des
Königreichs in weiten Teilen der arabischen Öffentlichkeit geschadet, doch mit seiner deutlichen Kritik am brutalen,
militärischen Vorgehen des syrischen Regimes gegen die Pro-

testbewegung im eigenen Land hat Riad es vermocht, als besonnene Stimme im arabisch-muslimischen Raum wieder wahrgenommen zu werden. Natürlich ging es König Abdullah nicht darum, eine demokratische Umwälzung in Syrien zu befördern. Aber er machte deutlich, dass auch in der arabischen Welt Mindeststandards für die Behandlung der Menschen im eigenen Staat gelten. Ein Regime, das seine Bürger zusammenkartätscht, so die Botschaft, hat in den Augen des saudischen Königs seine Legitimität verloren – zumal wenn es sich bei diesen Bürgern um Muslime handelt.

Die saudische Führung wird auf einem schmalen Grat balancieren müssen: Sie hat das Vertrauen zur US-Regierung verloren, nachdem diese, wie es sich aus saudischer Sicht darstellt, Husni Mubarak schlicht fallen gelassen hat, braucht aber die Unterstützung und im Zweifelsfall auch den Schutz der USA im sonst ungleichgewichtigen Hegemonialkonflikt mit Iran. Sie muss darauf achten, ihr Ansehen in der arabischen und, als »Hüterin« von Mekka und Medina, der weiteren islamischen Welt zu erhalten und eben nicht als Anführerin einer »Gegenrevolution« zu erscheinen. Sie hat gleichzeitig ein immenses Interesse, die Reihen der arabischen Monarchien zu schließen und diese möglichst revolutionsresistent zu machen. Dazu diente auch die Einladung an Jordanien und Marokko, Mitglied des Golfkooperationsrats zu werden. Für Marokko ist dies schon aus geografischen, aber auch aus politischen Gründen keine ernsthafte Option: Man sucht hier einen stärkeren Anschluss an die EU, nicht an die Golfstaaten. Jordanien dagegen hat die Einladung prinzipiell angenommen. Es verspricht sich nicht zuletzt wirtschaftliche Unterstützung, Öl- und Gaslieferungen und Budgethilfen eingeschlossen, sowie mehr Arbeitsmöglichkeiten für Jordanier in den Golfstaaten. Teile der jordanischen Bevölkerung und der konservativen Eliten würden sich auch politisch im saudischen Orbit wohler fühlen als in einer ohnehin nicht sehr energisch vorangetriebenen euromediterranen Integrationszone.

Saudi-Arabien wird, wenn es seine innere Stabilität bewahrt, ein einflussreicher Spieler in der arabischen Welt bleiben, dürfte aber seine Energien eher subregional, eben auf die Arabische Halbinsel und anliegende Gebiete wie Jordanien konzentrieren. Pläne für eine stärkere wirtschaftliche Integration innerhalb des GCC, einschließlich einer Währungsunion, passen da hinein; sie würden das politische und sicherheitspolitische Bündnis der Monarchien untermauern, die Mitgliedsstaaten auch gegen sozio-ökonomische Herausforderungen stärken und es leichter machen, politische Anpassungsprozesse gemeinsam anzugehen. Diese Themen und der Übergang in die Ära nach König Abdullah werden die saudische Führung auf absehbare Zeit ohnehin mehr beschäftigen als außen- und regionalpolitische Fragen.

Auch Iran könnte in den kommenden Jahren stärker durch innere politische Auseinandersetzung gebunden sein. Iran wird trotz der gegen das Land verhängten internationalen Sanktionen vorerst die mächtigste regionale Macht im Mittleren Osten bleiben. Das resultiert aus der Lage und Größe des Landes, seiner Bevölkerungszahl und seinem hohen Bildungsniveau, seiner Wirtschaftskraft und seiner relativ diversifizierten Ökonomie, seinem Einfluss in Nachbarländern, vor allem im Irak, und in geringerem Maße seinen militärischen Fähigkeiten. Das iranische Atomprogramm, auf das sich westliches Interesse vor allem konzentriert, ist Teil des regionalen Wettstreits um Präeminenz. Iran hat großes Interesse daran zu zeigen, dass es zumindest technisch und potentiell militärisch die regionale Führungsmacht ist. Politisch ist man da weniger gut aufgestellt.

Iran wird entgegen der eigenen Propaganda und den Befürchtungen einiger internationaler Akteure kaum zu den Gewinnern der Umbrüche in der arabischen Welt gehören. Die Führung in Teheran versuchte zwar, sich und andere davon zu überzeugen, dass die arabischen Revolten dem Modell der eigenen Revolution von 1979 folgten. Nur hatte dies wenig mit der Realität zu tun. Ich erinnere mich an ein Gespräch mit einem iranischen Vizeminister, der darauf bestand, aufgrund der Fernsehbilder, die er gesehen hatte, feststellen zu können, dass die Revolution in Ägypten eine islamische Revolution gewesen sei. Dies war nicht einfach Propaganda für den deutschen Gesprächspartner. Es dokumentierte eher, wie schwer der eigene politisch-ideologische Hintergrund es zumindest für einen Teil der iranischen Führungselite machte, die arabischen Aufstände einzuordnen und zu verstehen. Iran begrüßte die Revolutionen in Tunesien und Ägypten, doch der Aufstand in Syrien verunsicherte Teheran. Revolutionsführer Khamenei gab deshalb auch bald zu verstehen, dass es sich in Syrien eben nicht um einen Volksaufstand, sondern um eine ausländische Verschwörung handle. Es ist unwahrscheinlich, dass dies einen großen Teil der iranischen Öffentlichkeit überzeugte. Khameneis Erklärung dürfte wohl eher der Sorge geschuldet gewesen sein, dass ein Sturz Asads den Verlust des einzigen arabischen Verbündeten, der Versorgungsbasis für die Hizbullah im Libanon und insgesamt einen Verlust von Einfluss und Prestige im Nahen Osten bedeuten würde, vielleicht sogar die Opposition im eigenen Land ermutigen könnte. Immerhin waren die Revolten in Tunesien und Ägypten zumindest zum Teil von den Massenprotesten inspiriert worden, die sich 2009 gegen die Wiederwahl Präsident Ahmadinejads gerichtet hatten. Dass die Protestwelle in den arabischen Staaten früher oder später zurück über den Persischen Golf schwappen könnte, lässt sich zumindest nicht ausschließen. Die Opposition im Iran beobachtete die arabischen Aufstände mit Interesse, wartete selbst aber ab und setzte offenbar auf eine Verstärkung der Gärungsprozesse und Konflikte innerhalb der Regimeführung und der diversen Fraktionen des konservativen Lagers, die sich im Vorfeld der für 2013 anstehenden Präsidentschaftswahlen abzuzeichnen beginnen.

Iran kann zu Recht darauf hoffen, dass das neue Ägypten und andere arabische Staaten ein entspanntes Verhältnis zu Teheran suchen werden. Sie haben kein Interesse an einer regionalen Konfrontation, weder mit Iran noch mit anderen Staaten, und werden sich voraussichtlich auch amerikanischen Ansinnen entziehen, eine Front gegen Iran aufzubauen. Das kann Teheran helfen, seine diplomatischen und wirtschaftlichen Beziehungen in der Region auszubauen, gibt ihm aber keinen gesteigerten Einfluss. Denn die arabischen Staaten werden gleichzeitig iranischer Propaganda gegenüber resistenter werden. Die Proteste in der arabischen Welt, selbst im mehrheitlich schiitischen Bahrain, waren durchweg vom Ruf nach Würde, Freiheit, angemessener Partizipation und Demokratie geprägt, nicht von dem nach einer islamischen Republik. Nirgendwo sah man iranische Fahnen. Der real existierende Islamismus iranischer Prägung stellte für die arabischen Protest- und Demokratiebewegungen genauso wenig einen Orientierungspunkt dar wie das saudische Modell. Und je demokratischer und offener die arabischen Gesellschaften werden, desto geringer wird die Möglichkeit Irans werden, hier gesellschaftlichen Einfluss zu gewinnen.

Einen Zuwachs an politischem Gewicht in der Region dürfte die Türkei erleben. Sie hat bereits im vergangenen Jahrzehnt, vor allem seit dem Amtsantritt von Ministerpräsident Erdogan, sich zunehmend in der Nachbarschaftspolitik gegenüber den arabischen Staaten engangiert, die – ähnlich wie die Politik der EU gegenüber dem Mittelmeerraum – vornehmlich auf Handel und Investitionen sowie auf Visaerleichterungen basierte. Das war ziemlich erfolgreich: Der Handel der Türkei mit den arabischen Staaten verfünffachte sich in den Jahren von 2002 bis 2010, und selbst der mit Israel verdoppelte sich noch, obwohl die politischen Beziehungen sich deutlich abkühlten. Die Türkei baute so sehr dichte politische, wirtschaftliche und gesellschaftliche Beziehungen in die arabischen Staaten auf. Das mag der türkischen Regierungs- und Staatsspitze geholfen haben, relativ früh zu erkennen, dass die alten arabischen Regime den Herausforderungen nicht mehr gewachsen waren. So stellte man sich in Ägypten früher als die USA oder die EU-Staaten auf die Seite der Protestbewegung. Ankara bemühte sich auch intensiv, den syrischen Präsidenten Asad zu ernsthaften Reformen zu bewegen, scheiterte allerdings und entschied sich dann recht deutlich, die syrische Opposition zu unterstützen. Angesichts der engen Beziehungen, die gerade Erdogan zu einigen Führern der alten arabischen Regime pflegte, mag man hier von politischem Opportunismus sprechen. Letztlich zählte für sein Ansehen aber, dass er sich rechtzeitig auf der richtigen Seite der Geschichte platziert hatte.

Der schon intensive wirtschaftliche Austausch der Türkei mit den arabischen Staaten dürfte in den kommenden Jahren noch zunehmen. Die Türkei hat für viele der neuen politischen Akteure in den arabischen Ländern zudem

Modellcharakter: Die in Ankara regierende AKP demonstriert, wie eine aus dem islamistischen Spektrum entstandene Partei zu einer erfolgreichen konservativ-demokratischen Volkspartei werden kann. Nicht von ungefähr orientieren sich die Reformer innerhalb des politisch-islamischen Spektrums in Ägypten und anderen arabischen Ländern am AKP-Modell. Darüber hinaus gilt die Türkei vielen als Vorbild für einen Staat, der sowohl muslimisch als auch modern sein kann, und als Beispiel für einen graduellen, sanften Übergang von einer Diktatur zu einem demokratischen System. Auch die in Ägypten geführte Diskussion über die mögliche Einrichtung eines Nationalen Sicherheitsrats und eine – zumindest vorübergehende – Wächterrolle des Militärs orientiert sich am türkischen Entwicklungsweg.

Ankara verfügt so über ein erhebliches Maß an »sanfter Macht« im Umgang mit den arabischen Staaten. Aber auch die harten Elemente der Macht kommen ins Spiel. Nicht wenige Beobachter hoffen und erwarten, dass die Türkei im geopolitischen Konkurrenzspiel des Nahen und Mittleren Ostens eine stabilisierende Rolle spielen wird: als westlich eingebundener NATO-Staat, der gleichwohl regionale Ansinnen artikulieren kann und stark genug ist, im Zweifelsfall auch den Einfluss Irans – oder Israels – auszubalancieren.

Doch Ankara sollte sich keine Illusionen machen: Neo-osmanische Fantasien, wie einige türkische Politiker sie hegen mögen, Hoffnungen auf eine Wiederherstellung türkischer Dominanz im Nahen Osten also, werden in den arabischen Staaten nicht geteilt. Türkischer Einfluss, auch türkische Vermittlungsbemühungen in arabisch-israelischen Konflikten werden akzeptiert, türkische Führung nicht. Die Türkei kann Vorbild sein, nicht Vormacht. Interessanterweise haben arabische Beobachter auch wenig Interesse daran, dass die Türkei oder die türkische Politik sich »vermittelöstlicht«, also zu sehr Partei in nahöstlichen Auseinandersetzungen wird, gar mit einer Mitgliedschaft in der Arabischen Liga kokettiert oder ihre Westbindung aufgibt. Was in Kairo oder Tunis, Bagdad oder Damaskus Eindruck macht ist vielmehr, dass hier ein muslimischer Staat unter Führung einer Partei, deren kulturell-politischer Hintergrund im konservativen Milieu der Muslimbruderschaft arabischen Akteuren gerade nicht fremd ist, wirtschaftlich und politisch so erfolgreich ist, dass selbst die USA und die EU seine Interessen nicht ignorieren können.

Über die arabische Welt hinaus
Implikationen für europäische Politik

Die EU-Staaten und die USA wurden überrascht vom plötzlichen Anbruch des arabischen Frühlings und haben die Erfahrung machen müssen, dass sie wenig Einfluss auf den Verlauf der revolutionären Umbrüche haben. Sie können helfen oder im Weg stehen, aber die Ergebnisse bestimmen können sie nicht. Das gilt selbst für die Situation in Libyen: Zwar hätte das Qadhafi-Regime ohne das Eingreifen der NATO noch länger aushalten können, aber ob dort eine neue Diktatur, eine Art tribale Konföderation oder ein demokratisches System entsteht, ob Libyen in mehrere Teile oder in Anarchie zerfällt, wird von den libyschen Akteuren, nicht von europäischen Staaten oder der NATO entschieden werden.

Der begrenzte Einfluss Europas und der internationalen Gemeinschaft auf den Beginn und den Verlauf der Aufstände ist für sich genommen eher ein Vorteil: Die Schönheit der ägyptischen wie der tunesischen Revolution liegt neben dem friedlichen Verlauf gerade darin, dass sie autochthon waren und dass alle Vorwürfe, sie seien das Werk ausländischer Agenten, ins Leere gingen. Wenig Einfluss zu haben heißt aber nicht, der Verantwortung zu entgehen.

Es fällt auf, dass auf den arabischen Websites und Blogs, die die Aufstände und Revolutionen begleiten, eher wenig über Europa diskutiert wird. Die Aufbruchsgeneration ist Europa gegenüber ausgesprochen freundlich gesinnt, aber die europäischen Regierungen werden, wenn über ihre Politik überhaupt debattiert wird, überwiegend für zynisch gehalten.[81] Dabei hat man durchaus konkrete Erwartungen an Europa, die von Investitionen bis zur technischen Unterstützung beim Aufbau demokratischer Institutionen und zur Reisefreiheit reichen.

Tatsächlich hat Europa sowohl eine Verantwortung als auch ein Interesse, die Zusammenarbeit mit der Region – und insbesondere mit den Umbruchstaaten – auszuweiten und zumindest partiell neu zu gestalten. Jeder Umbruch birgt Risiken, und auch in Europa fanden sich die üblichen Alarmisten, die in den Revolutionen und Aufständen zunächst nur Gefahren sehen wollten. Es ist wichtig zu verstehen, dass die Risiken der Umbrüche in unserer südlichen Nachbarschaft vor allem kurzfristiger Natur sind, die Chancen aber schon mittelfristig überwiegen, und sei es nur, weil besser regierte Staaten, die ihre Bürger besser behandeln, auch bessere Nachbarn und Partner sind.

Europa ist nicht der einzige internationale Spieler in der Region. Allerdings ist das Interesse anderer Mächte viel selektiver. Das strategische Interesse der USA richtet sich vor allem auf den Persischen Golf und auf Israel und dessen unmittelbare Nachbarschaft. Sie werden in beiden Bereichen engagiert bleiben. Das wünschen die meisten regionalen Akteure auch. Die arabischen Golfstaaten setzen weiter, trotz aller Differenzen, auf amerikanische Hilfe gegen die Hegemonialansprüche Irans. Im Nahen Osten sehen selbst die arabischen Konfliktparteien, die den USA vorwerfen, nicht neutral zu sein, in aller Nüchternheit, dass ohne einen entscheidenden Beitrag Washingtons auch weiterhin keine friedliche Regelung des Nahostkonflikts zu erwarten ist. Washingtons strategische Interessen im Mittelmeerraum sind allerdings begrenzt. Ägypten wird, neben Israel, als strategischer Partner betrachtet, dagegen ist das Interesse an den anderen Staaten der Region nachrangig. Das hat die US-Regierung mit Blick auf den Libyen-Krieg sehr deutlich gemacht, den man gern ganz den europäischen Verbündeten überlassen hätte.

China, Indien und Südkorea verbindet ein rasant wachsendes wirtschaftliches Interesse mit der Region. China hat den Handelsaustausch mit den Staaten im Nahen und Mittleren Osten und Nordafrika im ersten Jahrzehnt dieses Jahrhunderts verzehnfacht, Indien hat ihn verachtfacht, Korea immerhin noch verdreifacht. Alle drei Staaten weisen gegenüber der Region ein Handelsbilanzdefizit auf. Sie haben deshalb ein großes Interesse, mehr Waren in die Region zu exportieren und mehr Aufträge für große Bau- und Infrastrukturprojekte zu erhalten. Aber sie werden sich wenig um die politischen Prozesse in diesen Ländern kümmern.

Europa ist also der einzige große internationale Akteur, den sowohl politische und sicherheitspolitische als auch handels-, wirtschafts- und entwicklungspolitische Interessen mit der Region verbinden. Wir sind direkte Nachbarn. Neben den lokalen Gesellschaften selbst hat Europa das stärkste Interesse daran, dass die Umbrüche in den arabischen Staaten gelingen. Die Revolutionen und Aufstände stellten und stellen deshalb auch einen ernsten Test für die gemeinsame Außen- und Sicherheitspolitik und die Nachbarschaftspolitik der EU dar. Europa hat diesen Test zunächst nicht bestanden, zumindest was gemeinsames Auftreten und gemeinsame Signale der EU und ihrer Mitgliedsstaaten angeht. Die EU hat allerdings oft gezeigt, dass sie lernfähig ist.

Gerade wenn es um die Konsolidierung demokratischer Neuanfänge, um wirtschaftlichen Aufbau und soziale Stabilisierung geht, ist Europa gefragt. Bei den Aufständen in den arabischen Staaten kamen politische, soziale und wirtschaftliche Missstände zum Ausdruck. In allen drei Bereichen finden sich sinnvolle Ansatzpunkte für europäische Politik. Es geht dabei nicht zuletzt darum sicherzustellen, dass neue, demokratisch legitimierte Regierungen in Tunesien, Ägypten und anderen Staaten nicht an den Problemen scheitern, die ihnen ihre Vorgänger hinterlassen haben.

Politisch-institutionelle Reformen sind essentiell. Staaten, die individuelle Freiheiten, Menschenrechte, Rechtssicherheit, demokratische Mitwirkung und Transparenz garantieren, vermitteln ihren Bürgern auch mehr Vertrauen und setzen so größere gesellschaftliche Potentiale frei. Unterstützung von außen ist hier gefragt, muss aber über gute politische Ratschläge hinausgehen.

Es gibt vieles, was Europa – die Europäische Union und ihre Mitgliedsstaaten – zur Unterstützung der politischen Neuanfänge in den arabischen Staaten beitragen kann. Überwiegend handelt es sich dabei um Maßnahmen, die, wenn man so will, zur Standardausrüstung im erprobten Werkzeugkoffer der EU gehören. Darüber hinaus müssen aber stärkere politische Signale ausgesandt werden, die eine neue, der Region und ihren Gesellschaften gegenüber offenere Haltung dokumentieren.

Europa sollte klare Prioritäten setzen und vorrangig jene Staaten unterstützen, die sich in Richtung Demokratie bewegen oder ihre jungen Demokratien zu konsolidieren versuchen. Das heißt, dass die EU einen großen Teil ihrer politischen Energie und ihrer Ressourcen darauf konzentrieren sollte, der Demokratie in Tunesien und Ägypten zum Erfolg zu verhelfen, denn ein solcher Erfolg wird auf die Region ausstrahlen. Entsprechende politische Entwicklungen vorausgesetzt, könnten in den palästinensischen Gebieten, in Libanon, Marokko, vielleicht eines Tages auch in Syrien ähnliche Prozesse in Gang kommen. Nicht jeder dieser Staaten wird die gleiche Art der Unterstützung brauchen oder wollen. Jordanien dürfte, wenn es dem Golfkooperationsrat beitritt, für Europa nicht »verloren« sein – dies würde suggerieren, dass es vorher »unseres« war –, aber wohl eher auf Hilfen aus dem Golf setzen und viel weniger daran interessiert sein, sich mit europäischen Konditionalitäten und Reformforderungen abzumühen.

Zur klaren politischen Ausrichtung Europas gehört auch das Versprechen, dass die Beziehungen zu den Staaten, die sich auf einem demokratischen Entwicklungsweg befinden, enger werden, je weiter sie darauf fortschreiten. Dazu kann – und sollte – die Aussicht auf eine neue Form der Assoziation mit der EU gehören, die diesen Ländern perspektivisch den vollen Zugang zum europäischen Binnenmarkt mit seinen Freiheiten für den Waren-, Kapital-, Dienstleistungs- und Personenverkehr eröffnet.

Europa hat reichhaltige Erfahrungen mit demokratischen Transformationsprozessen und kann, wo es nötig und gewünscht ist, viel zur Entwicklung solcher Prozesse in anderen Ländern beitragen. Das beginnt mit Hilfestellungen bei der Organisation freier Wahlen und mit Wahlbeobachtungen. Das schließt Hilfen beim Aufbau und bei der Reform von Polizei und Justizwesen ein. Und es umfasst eine ganze Reihe von ziemlich langweiligen, aber sehr wichtigen Themen wie allgemeine Rechtsreformen, die Erarbeitung eines modernen Arbeitsrechts oder die Regelung des Verhältnisses von Arbeitgebern und Gewerkschaften, einschließlich der Regeln für Streiks und Tarifvereinbarungen, wenn freie Gewerkschaften und Streiks zuvor verboten waren. Dazu gehören ferner ein Kartellrecht und Regeln für Transparenz und Verantwortlichkeit bei Unternehmen und nicht zuletzt der Aufbau effektiver Sozialversicherungssysteme. Wirtschaftliche Öffnungsmaßnahmen bleiben wichtig und sollten arbeitsplatzschaffende Investitionen ermutigen. Sie müssen, wenn sie den politischen Wandel nicht unterminieren sollen, mit einer glaubwürdigen Sozialpolitik einhergehen.

Die Bedeutung der arabischen Staaten insgesamt für die europäische Wirtschaft dürfte tendenziell zunehmen. Die demografische Struktur dieser Länder ist dabei ein positiver Faktor. Es sind junge Länder, die mehr Dynamik entwickeln dürften, sobald die Fesseln des Autoritarismus abgestreift sind. In Ägypten, Marokko, Syrien und anderen Ländern werden in den nächsten zehn Jahren zwanzig Prozent der Bevölkerung neu auf den Arbeitsmarkt drängen. Das ist eine wirtschaftliche und arbeitsmarktpolitische Herausforderung. Doch diese Generation wird lernen, wohnen, konsumieren und kommunizieren wollen, und das eröffnet neue Chancen nicht nur für die Produzenten von Konsum- und Investitionsgütern, sondern auch für Unternehmen, die im Wohnungsbau, im Gesundheits- und Bildungswesen, in der Errichtung von Energieinfrastruktur oder in der Elektrizitätsproduktion tätig sind. Europäische Unternehmen, die sich auf den wachsenden Märkten der Region engagieren, können (und sollten) auch selbst dazu beitragen, demokratische Transformationsprozesse zu unterstützen, etwa durch eine Verpflichtung auf Standards bei Arbeitsbedingungen, Arbeitnehmerrechten, Umweltschutz und Transparenz, die auch in ihren Heimatländern gelten, ferner durch umfassende Ausbildungsangebote oder die Unterstützung der

Berufsausbildung in staatlichen Einrichtungen und bei heimischen Unternehmen. Die meisten Unternehmen wissen, dass solches Engagement sich im Wortsinne auszahlt.

Ein offenes Europa, Kooperation zum gegenseitigen Nutzen

Die politischen Transformationsprozesse, die zunächst in Ägypten und Tunesien begonnen haben, werden nicht nur mühsam, sondern umstritten sein, denn sie sind selbst ein Politikum. Sie werden Kontroversen, Opposition und Enttäuschungen auslösen – und Rückschläge erleiden. Fortschritte in Richtung Demokratie kann Europa befördern, indem es immer wieder deutlich macht, wie sehr es selber daran interessiert ist.

Die EU sollte sich als »offenes Europa« präsentieren und den Transformationsländern eine neue Form der Partnerschaft anbieten, die nicht nur intergouvernemental ist, sondern auch die Gesellschaften einbezieht. Die Offenheit sollte sich auf Waren, aber auch auf Personen beziehen. Die EU hat mit Staaten wie Tunesien und Ägypten Freihandelsabkommen abgeschlossen, doch es gibt es auf europäischer Seite weiterhin protektionistische Regeln, die abgeschafft werden sollten, etwa die Einschränkung des Imports von Agrarprodukten aus Ägypten durch saisonale Quoten.

Die Europäische Kommission hat relativ rasch nach den Umbrüchen in Tunesien und Ägypten einen Entwurf für eine »Partnerschaft für Demokratie und gemeinsamen Wohlstand« vorgelegt.[82] Das ist ein richtiger Ansatz, der aber konkretisiert und implementiert werden muss. Es geht dabei um Finanzhilfen und die Erleichterung des Zugangs zum europäischen Markt. Wichtiger noch wäre eine größere

Offenheit gegenüber den Menschen dieser Länder. Von den drei »Ms«, von denen man in den europäischen Institutionen gelegentlich spricht – *money*, *market* und *mobility* – ist das letzte mit Blick auf die arabischen Transformationsländer wohl das wichtigste. Die Region ist insgesamt nicht arm. Ein »Marshall-Plan«, wie immer mal wieder vorgeschlagen wird, löst die Kernprobleme dieser Staaten nicht, macht sie im Zweifelsfall eher abhängig. Die EU wie auch die internationalen Finanzinstitutionen sind, was durchaus richtig ist, bereit, den Ländern zur Überwindung ihrer wirtschaftlichen Schwierigkeiten finanziell unter die Arme zu greifen, können aber auch nicht mehr leisten als Saudi-Arabien oder Katar. Marktzugänge bereiten dagegen wegen der Konkurrenzsituation der Länder am südlichen Rand des Mittelmeers mit europäischen Mittelmeeranrainern noch einige Schwierigkeiten. Die Abschaffung bestimmter Handelshemmnisse würde helfen – allerdings kaum mehr als eine Zunahme der Zahl europäischer Touristen oder ein leichterer und gleichzeitig klug gesteuerter Zugang junger Menschen aus diesen Ländern zum europäischen Arbeitsmarkt.

Tunesien, Ägypten und andere Staaten, die sich auf den Weg zu einer demokratischen Transformation machen, sind darauf angewiesen, dass vor allem ihre eigenen Kapazitäten gestärkt werden. Dies könnte durch einen umfassenden »Pakt für Ausbildung, Arbeit und Energie« erfolgen. Er sollte die Förderung der Berufsausbildung in diesen Ländern umfassen sowie ein Programm, das sich direkt an Hochschulabgänger aus arabischen Transformationsländern richtet. Diesen fehlt es meist an der notwendigen Berufspraxis, sodass sie es schwer haben, auf dem lokalen Arbeitsmarkt eine ihrer Ausbildung entsprechende Stelle zu finden. Zehntausende junger Ingenieure und Ärzte, Architekten oder Betriebswirte sind arbeitslos. Europa dagegen braucht aufgrund seiner eigenen demografischen Struktur die Zuwanderung – und sei es auch nur temporär – von Nachwuchs und Fachkräften vor allem in technischen Berufen und im Gesundheitswesen. Das Programm sollte daher für einige zehntausend Graduierte pro Jahr Traineeships in europäischen Firmen anbieten, aber auch mehrjährige Arbeitsaufenthalte, in denen die jungen Fachkräfte genügend Berufserfahrung erwerben, um anschließend – nach Möglichkeit mithilfe eines Existenzgründungskredits europäischer Entwicklungsbanken – im eigenen Land einen Betrieb zu gründen und selbst Arbeits- und Ausbildungsplätze zu schaffen. Ein langfristig angelegtes Programm dieser Art wäre ein deutliches Signal: Es zeigte nicht nur, dass es bessere Alternativen gibt als den Versuch, illegal nach Europa zu kommen. Junge Leute in Tunesien oder Ägypten würden vielmehr motiviert, ihr Studium abzuschließen und sich dann für ein Programm zu bewerben, das ihnen mehrere Jahre legaler Erwerbstätigkeit in Europa, den Erwerb weiterer Fähigkeiten und ein gewisses Startkapital verspricht. Und es wäre ein Programm, das beiden Seiten, den arabischen wie den europäischen Staaten, nutzt.[83]

Das Gleiche gilt für eine längerfristige Energiepartnerschaft. Die energiepolitischen Beziehungen Europas zum südlichen Mittelmeerraum sind noch sehr einseitig auf den Import von Öl und Gas ausgerichtet. Dies lässt sich ändern. Europa braucht saubere Energie und wird nicht in der Lage sein, diese allein auf dem eigenen Territorium zu produzieren. Die nordafrikanischen Länder brauchen ebenfalls Energie, besonders Elektrizität und neue Stromnetze für ihre urbane und industrielle Entwicklung. Sie bieten gleichzeitig die besten Bedingungen für die solarthermische Energiegewinnung in großem Umfang. »Wüstenstrom« lässt sich günstiger herstellen als erneuerbare Energien in Europa und ist sauberer und sicherer als Strom aus Kohle, Gas oder Atom.

Er muss allerdings über große Entfernungen transportiert werden. Langfristig rechnet sich das. Kurzfristig sollten europäische Investitionen in Sonnen- und auch Windenergie in Nordafrika vor allem dazu dienen, die lokale Elektrizitätsversorgung zu verbessern.

Einige Grundregeln für die europäische Politik

Es gibt ein paar allgemeine Regeln, die Europa nicht nur angesichts der arabischen Aufstände und Revolutionen im Umgang mit den Staaten der Region berücksichtigen sollte. So sollten europäische Staaten und Politiker sich davor hüten, ihre prinzipielle Unterstützung für demokratische Transformationsprozesse in diesem oder jenem arabischen Land mit bestimmten Ergebnissen zu verknüpfen. Ausländische Akteure müssen akzeptieren, dass sie nicht bestimmen können, wer als Gewinner aus diesen demokratischen Prozessen hervorgehen wird. Sie dürfen nicht einmal den Eindruck erwecken, dass sie dies wollen. Die Glaubwürdigkeit junger arabischer Demokratien wird in nicht geringem Maße davon abhängen, dass Entscheidungen, auch Wahlentscheidungen, die den Präferenzen ausländischer Partner oder Geber nicht entsprechen, akzeptiert werden.

Stattdessen gilt es, Vertrauen auch zu Akteuren zu entwickeln, die man noch nicht kennt, ihnen einen gewissen Vertrauensvorschuss entgegenzubringen. Das wird europäischen Entscheidungsträgern nicht immer leichtfallen, zumal wenn es sich um Akteure handelt, die nicht zu den traditionellen Klienten europäischer Institutionen gehören oder Europa und dem Westen gegenüber sogar Skepsis an den Tag legen. Hier mag es helfen, sich gelegentlich daran zu erinnern, dass nicht diese neuen, unbekannten Akteure in

Ägypten, Tunesien, Syrien, Algerien und anderen Ländern das Problem waren, sondern eher diejenigen, die man in Europa sehr lange gekannt und oftmals geschätzt hatte.

Bei aller Konzentration auf die politischen, wirtschaftlichen und sozialen Transformationsprozesse der Region kann und darf Europa die geopolitischen Konkurrenzen und Konflikte, insbesondere den israelisch-palästinensischen Konflikt, nicht ignorieren. Europa kann sich auch nicht darauf verlassen, dass die USA als der wichtigste externe Akteur im arabischen Raum schon das Richtige tun werden. Es stimmt zwar, dass man im Nahen Osten auf die USA nicht verzichten kann, sie haben hier mehr Einfluss auf die regionalen Akteure als die Europäer, und sie können einzelnen Parteien auch glaubwürdige Sicherheitsgarantien geben. Um faire Lösungen zu erreichen und diese politisch und wirtschaftlich abzusichern, muss Europa sich aber an der Suche danach beteiligen. Nur eine faire Lösung, die auf beiden Seiten, bei Israelis und Palästinensern, Akzeptanz findet, wird von Dauer sein und die permanente Spannung aus dem politischen Alltag in der Region nehmen können. Solange die territorialen Fragen – und um die geht es in erster Linie – zwischen Israel und dem zukünftigen Staat Palästina nicht geregelt sind, wird Israel nicht als vollwertiger Teilnehmer regionaler Beziehungen betrachtet werden. Damit bleiben viele sinnvolle und notwendige Möglichkeiten der Kooperation ungenutzt, in den Bereichen Wirtschaft und Handel, Umweltschutz und regionaler Wasserwirtschaft ebenso wie im Bereich der Sicherheit.

Obwohl der Focus der internationalen wie der regionalen Aufmerksamkeit sich seit Beginn der Revolution in Tunesien zunehmend auf die Aufstände und Revolten in den arabischen Staaten gerichtet hat, bleiben der Konflikt um Palästina – konkret die Besetzung palästinensischen Territoriums – und die Missachtung der Wünsche und Rechte der Palästinenser auf Unabhängigkeit, Freiheit und Würde das wichtigste Element radikaler islamistischer oder nationalistischer Mobilisierung. Die Glaubwürdigkeit Europas hängt in vielen muslimischen Gesellschaften immer noch wesentlich davon ab, ob die europäische Politik nicht zumindest versucht, eine faire Lösung dieses Konflikts herbeizuführen.

Europa ist gerade bei seinen Bemühungen um Konfliktlösungen – ob nun im Nahen Osten oder mit Blick auf Iran – gut beraten, wenn es mit regionalen Akteuren zusammenarbeitet. Unter diesen Staaten sind einige, die sich politischen Veränderungen bislang entziehen oder widersetzen. Die EU und insbesondere auch die USA sollten den Fehler, Staaten im Wesentlichen nach ihrer geopolitischen Orientierung in »Moderate« und »Radikale« einzuteilen, nicht wiederholen, denn dabei haben westliche Akteure zu oft die politischen und rechtlichen Missstände gerade in jenen Staaten übersehen, deren Regime als »pro-westlich« oder moderat galten. Europa kann es sich – nicht anders als andere internationale Mächte auch – nicht leisten, einfach auf die Zusammenarbeit mit wichtigen Regionalstaaten zu verzichten. Deshalb sollte es beispielsweise im Umgang mit Saudi-Arabien die durchaus vorhandenen guten Beziehungen nutzen, um in einem ehrlichen Dialog festzustellen, wo gemeinsame Interessen und wo Differenzen liegen, und gleichzeitig Unterstützung bei dem noch viel zu vorsichtigen inneren Reformprozess anbieten. Kritik an Menschenrechtsverletzungen, an der Diskriminierung von Frauen und von Mitgliedern der schiitischen Gemeinschaft oder an der Unterdrückung von Bürgerprotesten in einem Nachbarland ist keine unzulässige Einmischung in die inneren Angelegenheiten, auch nicht bei einem so wichtigen Handelspartner.

Bei all dem ist Transparenz auch in Bezug auf die eigenen Interessen wichtig. Europäische Staaten haben wie alle anderen Staaten auch wirtschaftliche, politische und sicherheitspolitische Interessen, die bisweilen die Kooperation mit autoritären Regimen notwendig machen. Europa hat Ägypten wegen seiner Rolle im Friedensprozess, als Transportweg und als Wirtschaftspartner auch unter Mubarak gebraucht; es wird Saudi-Arabien wegen seiner Rolle auf den Energiemärkten, als Absatzmarkt und wegen seiner regionalpolitischen Bedeutung brauchen. Für andere Staaten in der Region galt und gilt Ähnliches. Daran ist nichts Unanständiges. Das verstehen auch die Bürger der arabischen Staaten, die gegen ihre Regime protestieren. Es würde die Glaubwürdigkeit Europas und seiner Mitgliedsstaaten allerdings erhöhen, wenn diese Interessen deutlich benannt und nicht so oft hinter wohlklingenden Begriffen und Erklärungen versteckt würden.

Europa, das ein vitales Interesse an der politischen und sozialen Stabilität seiner Nachbarn hat, wird für den weiteren Umgang mit der Region, gerade weil diese eine so wichtige Rolle in seiner Nachbarschaft spielt, sein Verständnis von Stabilität neu bestimmen müssen. Grundsätzlich ist nichts falsch daran, dass regionale Stabilität einer der Schlüsselbegriffe in europäischen Politikdokumenten ist. Allerdings haben gerade arabische Autokraten sich dieses Konzept gern zunutze gemacht, indem sie sich als Stabilitätsgaranten in ihren eigenen Ländern und der Region präsentierten und nicht selten sogar behaupteten, die einzige Alternative zu ihnen und ihren Regimen sei das, was Europa so sehr fürchtet: Instabilität und Chaos oder Terror und die Machtübernahme durch radikale Islamisten. Wie sich zeigte, waren die Regime solcher angeblicher Stabilitätsgaranten zwar langlebig, aber sie stagnierten und waren eben nicht stabil. Nicht wenige europäische Entscheidungsträger hatten also schlicht Stagnation mit echter Stabilität verwechselt. Europa sollte Stabilität als Ziel keineswegs aufgeben, Stabilität aber als ein dynamisches Gleichgewicht verstehen, das Wandel und Wechsel erlaubt. Aus langer Erfahrung in Europa wissen wir, dass politische Systeme am ehesten stabil sind auf der Grundlage von Gewaltenteilung, Machtkontrolle durch Parlamente und Öffentlichkeit und natürlich von regelmäßigen Wahlen, die friedliche Machtwechsel ermöglichen.

Es ist nicht sicher, ob die Entscheidungsträger und die Öffentlichkeit in Europa schon wirklich verstanden haben, was sich in den arabischen Staaten tut: Mit den Aufständen und Revolutionen haben die Menschen dort ein politisches Signal gesetzt, das weit über die arabische Welt hinauswirkt und auch den europäischen Demokratien einen Dienst erwiesen hat. Denn in der weltweiten Konkurrenz von Ordnungsmodellen und unter dem Eindruck vom Aufstieg Chinas war das demokratisch-marktwirtschaftliche Modell Europas zuletzt zunehmend in die Defensive geraten. Viele glaubten schon, dass das autoritär-kapitalistische Modell Chinas, das auf Harmonie, Wachstum und weise Führung, aber sicher nicht auf individuelle Freiheit, Menschenrechte und Demokratie setzt, zukunftsträchtiger sein könnte, denn bei den Regimeeliten in den arabischen Staaten, in Iran sowie in den zentralasiatischen und vielen afrikanischen Staaten erwies es sich als sehr populär. Doch die arabischen Revolten haben gezeigt, auch wenn ihr Erfolg in vielen Fällen noch aussteht, dass dieses chinesische Narrativ – die große sinngebende Erzählung – eines harmonischen autoritären Wachstumskapitalismus für die junge Generation dieser Staaten keine Orientierung bietet. Stattdessen zeigte diese Generation, wie lebendig der Demokratie- und Freiheitswille auch in Staaten ist, in denen er lange unterdrückt wurde. Das europäische Narrativ, demzufolge die Kombination aus individueller Freiheit, Demokratie und sozialer Gerechtigkeit bei allen Mängeln und Schwierigkeiten letztlich das beste politische Ordnungsmodell darstellt, erhielt damit ungeahnte Unterstützung – aus einer Region, aus der man dies nicht erwartet hatte.[84]

Euphorie ist kein guter politischer Ratgeber, aber Angst ist ein noch viel schlechterer. Transformationsprozesse sind immer schwierig, dauern immer länger als ihre Protagonisten und diejenigen, die sie von außen unterstützen wollen, erwarten. Das zeigt sich in Russland oder in der Ukraine, es hat sich auch bei früheren politischen Initiativen gezeigt, die die Europäische Union mit Blick auf den Mittelmeerraum und den Nahen Osten lanciert hat. Aber das europäische Interesse an einem Erfolg dieser Transformationen ist kaum geringer als vor zwanzig Jahren in Osteuropa.

Anmerkungen

1 Somalia, Djibouti, die Komoren und Mauretanien gehören zwar der Arabischen Liga an, sind aber für die Entwicklungen der arabischen Welt nur von marginaler Bedeutung und finden deshalb in dieser Darstellung keine Berücksichtigung.

2 Der erste dieser Reports erschien 2002, der bislang letzte 2009. Vgl. United Nations Development Programme (UNDP), *Arab Human Development Report*, <www.arab-hdr.org>.

3 Volker Perthes, *Geheime Gärten. Die neue arabische Welt*, Berlin 2002, S. 346.

4 Volker Perthes, *Orientalische Promenaden. Der Nahe und Mittlere Osten im Umbruch*, München 2006.

5 Die Daten beziehen sich auf 2009, beruhen auf den Datenbanken der Weltbank und der Vereinten Nationen und messen das Pro-Kopf-Einkommen nicht in absoluten Zahlen, sondern in den besser vergleichbaren sogenannten Kaufpreisparitäten.

6 Nach Schätzungen des Entwicklungsprogramms der Vereinten Nationen. Vgl. <http://content.undp.org/go/newsroom/2009/december/development-challenges-outlined-in-new-arab-states-report.en?src=print>.

7 Der Index ist umstritten, weil er eben nur Perzeptionen misst. Aber es ist schwer, Korruption, die sich statistischen Methoden entzieht, real zu messen. Insofern hilft der Index, einen zumindest annähernden Vergleich zwischen verschiedenen Ländern und Regionen zu ermöglichen. Auf der Skala von 0 (sehr korrupt) bis 10 (sauber) liegen nur Katar und die VAE über 6, Kuwait, Jordanien, Saudi-Arabien, Oman und Tunesien zwischen 4 und 6, alle anderen unter 4, Sudan und Irak sogar unter 2. Vgl. <http://www.transparency.org/policy_research/surveys_indices/cpi/2010/results>.

8 *Freedom House Annual Report 2010*, S. 15f. <www.freedomhouse.org/upload/special_report/99.pdf>.

9   Vgl. beispielsweise Charles Krauthammer, »From Baghdad to Beng-
     hazi«, in: *Washington Post*, 4. März 2011.

10   Diese Warnung war überaus deutlich in Präsident Bushs Rede zur
     Lage der Nation am 2. Februar 2005 und in der Ansprache der
     Außenministerin Rice an der Amerikanischen Universität in Kairo
     am 20. Juni desselben Jahres zu vernehmen.

11   Vgl. Steffen Angenendt/Bettina Rudloff, »Hungeraufstände in Groß-
     städten«, in: *SWP-Ausblick* 2011, Dezember 2010.

12   Zu den Ursachen für die weltweit rapide steigenden Nahrungsmittel-
     preise werden unter anderem globale Klimaveränderungen und ver-
     änderte Konsumgewohnheiten in großen Ländern wie China gerech-
     net. Vgl. hier und im Folgenden Sarah Johnstone/Jeffrey Mazo,
     »Global Warming and the Arab Spring«, in: *Survival*, Jg. 53, Nr. 2
     (April – Mai 2011), S. 11 – 17.

13   Vgl. unter anderem Magdi Abdelhadi, »Facebook outstrips Arab
     newspapers«, BBC News Middle East <http://www.bbc.co.uk/
     news/10150748>; zu den Daten Dubai School of Government, *Arab
     Social Media Report*, Issue 2, 2011 <http://www.dsg.ae/portals/0/
     ASMR2.pdf>, ferner die Websites Internetworldstats.com und So-
     cialBakers.com <http://www.socialbakers.com/facebook-statistics/>.

14   Vgl. Dima Tarhini, »Inside the Arab Bloggers' Minds: Europe, De-
     mocracy and Religion«, in: *SWP Working Paper*, Juni 2011.

15   Nicht für alle Länder liegen Daten vor. Grundlage hier sind die Daten
     bei SocialBakers.com und im zitierten *Arab Social Media Report
     (ASMR)*. Einen signifikant höheren Altersdurchschnitt zeigen da-
     nach die Facebook-Nutzer in den arabischen Staaten am Persischen
     Golf; die Mehrheit davon dürften hier ausländische Arbeitskräfte
     sein, die über das Internet mit ihrer Heimat korrespondieren.

16   Daten hier und im Folgenden, sofern nicht anders zitiert, nach Jan
     Busse, »Indikatoren ausgewählter arabischer Staaten«, <http://www.
     swp-berlin.org/fileadmin/contents/products/sonstiges/Indikato-
     ren_AWunvollst.pdf>.

17   Vgl. hierzu insbesondere den *Arab Human Development Report 2003.
     Buildung a knowledge society* <http://hdr.undp.org/en/reports/re-
     gional/arabstates/RBAS_ahdr2003_EN.pdf>.

18   Quellen: UNDP, *Egypt Human Development Report 2010* <http://
     www.undp.org.eg/Portals/0/NHDR%202010%20english.pdf>, S. 6,
     und das algerische Office National des Statistiques <http://www.

ons.dz/IMG/pdf/emploi_chomage_2010.pdf>. Für die meisten Länder der Region liegen keine präzisen Daten vor.

19 Vgl. Olivier Roy, »Révolution post-islamiste«, in: *LeMonde.fr*, 12. Februar 2011; Moncef al-Marzouki, »Die aufschreckenden und erstaun-
lichen Dimensionen der arabischen Revolution«, in: *al-Mustaqbal
al-'arabi*, Jg. 33, Nr. 386 (April 2011), S. 113 – 132.

20 Siehe Asads Interview in: *The Wall Street Journal*, 31. Januar 2011.

21 Vgl.etwa *Champress* vom 28. März 2011 <http://www.champress.net/
index.php?q=en/Article/view/86507>.

22 Perthes, *Geheime Gärten*, S. 332.

23 Eine grundlegende Analyse der widersprüchlichen Entwicklung Tunesiens unter Ben Ali liefert Steffen Erdle, *Ben Ali's ›New Tunisia‹
(1987 – 2009). A Case Study of Authoritarian Modernization in the Arab
World*, Berlin 2010.

24 Vgl. Maria Cristina Paciello, »Tunisia: Changes and Challenges of
Political Transition«, in: *MEDPRO Technical Report*, Nr. 3 (Mai 2011),
S. 7.

25 Ebenda, S. 5.

26 Vgl. Muriel Asseburg/Isabelle Werenfels, »Tunesien: Einzelfall oder
erster Dominostein?«, in: *SWP-Aktuell* 4, Januar 2011, S. 2.

27 Diskussionsrunde, Weltwirtschaftsforum Davos, 29. Januar 2011.

28 Die Seite ist auf Arabisch und Englisch verfügbar: <http://facebook.
com/ElShaheed>. Zur unmittelbaren Vorgeschichte und zum Ablauf
der ägyptischen Revolution vgl. etwa International Crisis Group,
»Popular Protest in North Africa and the Middle East (I): Egypt
Victorious?« (= *Middle East/North Africa Report* Nr. 101, 24. Februar
2011); Maria Cristina Paciello, »Egypt: Changes and Challenges of
Political Transition«, in: *MEDPRO Technical Report*, Nr. 4 (Mai
2011); Dina Shehata, »The Fall of the Pharaoh«, in: *Foreign Affairs*,
May/June 2011 <www.foreignaffairs.com>.

29 Vgl. *Daily News Egypt*, 17. Januar 2011.

30 Vgl. Stefan Roll, »Die Aufarbeitung von Korruption in Ägypten«, in:
SWP-Aktuell 24, April 2011.

31 <http://www.facebook.com/Egyptian.Armed.Forces>.

32 Vgl. ausführlicher Paciello, »Egypt«, S. 11 – 19.

33 Gesprächszitate stammen, so nicht anders vermerkt, aus persönlichen
Begegnungen, vor allem während eines Aufenthalts in Kairo im Juni
2011.

34   International Peace Institute Poll, *Egypt National Survey*, March 9 – 20, 2011.

35   *Hizb al-hurriya wa-l-'adala*, in englischsprachigen Publikationen »Freedom and Justice Party« (FJP).

36   Isabelle Werenfels, »Qaddafis Libyen: Endlos stabil und reformresistent?«, in: *SWP-Studie* 7, März 2008, S. 21. In dieser Studie findet sich auch ein Überblick über die Herrschaftsstrukturen Libyens unter Qadhafi (S. 12/13).

37   Vgl. ebenda.

38   Zu den Hintergründen des libysch-amerikanischen Übereinkommens vgl. ausführlich Robert S. Litwak, *Regime Change. U.S. Strategy through the Prism of 9/11*, Washington, D.C., 2007, vor allem S. 169 – 199.

39   Vgl. ausführlicher zu den Oppositionsbewegungen: International Crisis Group, »Popular Protest in North Africa and the Middle East (V): Making Sense of Libya« (= *Middle East/North Africa Report* Nr. 107, 6. Juni 2011), S. 19 – 21.

40   Vgl. ebenda, S. 1 – 6, hier auch ein Versuch, den Ereignisverlauf möglichst präzise zu erfassen.

41   Qadhafis »*zenga zenga, dar dar*« diente den Aufständischen zum Beweis dafür, dass der Revolutionsführer ein Massaker, wenn nicht sogar einen Genozid plane, falls er Benghazi zurückerobern würde, erlebte aber auch eine Verwandlung in ein Stück nahöstlicher Popkultur: *al-Jazeera* nutzte den Soundbyte über Monate, um damit seine Nachrichtenblöcke über Libyen einzuleiten; und der israelische Rapper Noy Alooshe setzte es in ein tanzbares Hip-Hop-Stück um, das in verschiedenen Versionen – für den israelischen und für den konservativeren arabischen Geschmack wie auch für den Gebrauch der Rebellen – auf der Internet-Plattform Youtube abrufbar ist.

42   Hier ist weder der Ort für eine Geschichte des Kriegsverlaufs noch für eine Diskussion der Entscheidungsprozesse im Sicherheitsrat, in der EU oder in der NATO. Diese mögen für die Zukunft der NATO und für die Fortentwicklung der gemeinsamen europäischen Sicherheits- und Verteidigungspolitik von Bedeutung sein. Die deutsche Stimmenthaltung im Sicherheitsrat dürfte auch einen gewissen Einfluss darauf haben, wie Deutschland international wahrgenommen wird. Angesichts der Kurzlebigkeit internationaler Politik sollte dies aber nicht überschätzt werden. Für die Entwicklungen in der arabischen Welt waren die Differenzen, Unklarheiten und Inkonsistenzen

in diesen Entscheidungsprozessen ziemlich belanglos, auch wenn sie hier und da Verwunderung auslösten.

43 Der Pressesprecher Obamas, Jay Carney, sprach am 24. März 2011 von einer Aktion, die, zumindest was den militärischen Einsatz der USA betreffe, »Tage, nicht Wochen« dauern werde.

44 Vgl. etwa Sarah Phillips, *Yemen and the Politics of Permanent Crisis*, London 2011.

45 Vgl. Victoria Clark, *Yemen: Dancing on the Heads of Snakes*, New Haven/London 2010, S. 276 – 278. Das Buch der Journalistin ist insgesamt die wohl beste neuere Darstellung zum Jemen.

46 Vgl. hier und im Folgenden etwa International Crisis Group, »Popular Protest in North Africa and the Middle East (II): Yemen between reform and revolution« (= *Middle East/North Africa Report* Nr. 102, 24. Februar 2011); Nadia al-Sakkaf, »The Politicization of Yemen's Youth Revolution«, in: *Arab Reform Bulletin*, 27. April 2011; Atiaf Zaid Alwazir, »The Square of Change in Sana'a: an incubator for reform«, in: *Arab Reform Initiative*, Nr. 48, April 2011.

47 Vgl. hierzu Ginny Hill/Gerd Nonneman, »Yemen, Saudi Arabia and the Gulf States: Elite Politics, Street Protests and Regional Diplomacy«, in: *Chatham House briefing paper*, May 2011.

48 Die wohl bestinformierte Darstellung der politischen Verhältnisse in Bahrain liefert Katja Niethammer, *Political Reform in Bahrain. Institutional Transformation, Identity Conflict and Democracy*, London 2012 (im Erscheinen). Zur Schilderung der Entwicklungen seit Anfang 2011 hier und im Folgenden vgl. International Crisis Group, »Popular Protest in North Africa and the Middle East (III): The Bahrain Revolt« (= *Middle East/North Africa Report* No. 105, 6. April 2011); Katja Niethammer, »Bahrain im Ausnahmezustand«, in: *Blätter für deutsche und internationale Politik*, 56 (Mai 2011), S. 86 – 89.

49 So Niethammer, »Bahrain im Ausnahmezustand«, S. 86.

50 Vgl. Elisabeth Bumiller, »Gates tells Bahrain's King that ›baby steps‹ to reform aren't enough«, in: *The New York Times*, 12. März 2011.

51 Vgl. unter anderem Joseph Croitoru, »Aufs Schaffott«, in: *Frankfurter Allgemeine Zeitung*, 2. Mai 2011; Martin Chulov, »Bahrein rights activist jailed for life«, in: *The Guardian*, 22. Juni 2011; International Crisis Group, »Popular Protest in North Africa and the Middle East (VIII): Bahrain's Rocky Road to Reform« (= *Middle East/North Africa Report* Nr. 111, 28. Juli 2011).

52 Mit mehr Details zum Prozess und zu den Verfassungsänderungen siehe unter anderem: Marina Ottaway, »The new Moroccan constitution: Real change or more of the same?«; in: *Carnegie Endowment, Commentary*, 20. Juni 2011 <http://carnegieendowment.org/publicat ions/?fa=view&id=44731>.

53 *The Wall Street Journal* (Online-Ausgabe), 31. Januar 2011.

54 Zu Asads Politik des begrenzten Wandels vgl. ausführlicher Volker Perthes, *Syria under Bashar al-Asad: Modernisation and the Limits of Change*, Oxford/New York 2004 (= Adelphi Paper 366).

55 Vgl. *al-Sharq al-Awsat*, 8. April 2011.

56 Yassin al-Haj Salih, »A tense Syria in a changing Arab world«, in: Heinrich Böll Stiftung (Hrsg.), *Perspectives. Political analysis and commentary from the Middle East*, Special Issue, April 2011, S. 172–178, hier S. 175.

57 *The New York Times*, 10. Mai 2011.

58 Vgl. mit dieser Zahl *The Economist*, 2. Juli 2011.

59 Vgl. Joachim Guilliard, »Auch im Irak wächst eine Protestbewegung«, in: *INAMO* 17 (Frühjahr 2011), S. 16–19.

60 Vgl. hierzu Guido Steinberg, »Die neue Kurdenfrage. Irakisch-Kurdistan und seine Nachbarn«, in: *SWP Studie* 12, Mai 2011.

61 Vgl. die Webseite der Gruppe Gaza Youth Breaks Out <http://gazaybo.wordpress.com>.

62 *Financial Times*, 4. Mai 2011.

63 Vgl. unter vielen etwa Hassan Bin Youssef Yassin, »Saudi Arabia: This is who we are. Stability of monarchies is in sharp contrast to the failure of Arab republics«, in:*Arab News*, 8. Mai 2011 <www.arabnews.com>.

64 Vgl. etwa Juliette Kayyem, »In Mideast, the Kings are All Right«, in: *Boston Globe*, 7. März 2011; oder kritisch: Jillian Schwedler, »The end of monarchical exceptionalism«, in: *Aljazeera.net*, 22. Juni 2011.

65 Dies betont Marwan Muasher, »A Decade of Struggling Reform Efforts in Jordan«, in: *The Carnegie Papers*, Mai 2011. Muasher ist ein ehemaliger stellvertretender Ministerpräsident, der gewissermaßen als Außenseiter in dieser Elite scheiterte.

66 Vgl. Tobias Buck, »Jordan's King Abdullah warns of Slow Reform«, in: *Financial Times*, 14. Juni 2011 <www.ft.com>; Rami G. Khouri, »In Jordan, real change or illusion?«, in: *The Daily Star*, 18. Juni 2011.

67 Siehe dazu ausführlicher Perthes, *Orientalische Promenaden*, S. 135 bis 236.

68   <http://www.saudireform.com>.

69   Huda al-Salih, »Das Ministerium für religiöse Angelegenheiten ver-
     hängt eine Disziplinarstrafe gegen Scheich Muhammad al-Arifi«, in:
     al-Sharq al-Awsat, 21. April 2011.

70   Caryle Murphy, »Saudi king unveils massive spending package«, in:
     The National, 19. März 2011 <www.thenational.ae>.

71   Vgl. *Khaleej Times*, 19. Juli 2011.

72   Vgl. etwa Hamid Kifaʾi, »Keine Rückkehr in die Vergangenheit. Die
     Arabische Welt hat sich für immer geändert«, in: *al-Hayat*, 8. April
     2011; Mohammed Ali Atassi, »What the people want …«, in: Hein-
     rich Böll Stiftung (Hrsg.), *Perspectives. Political analysis and commen-
     tary from the Middle East*, Special Issue, April 2011, S. 28 – 34.

73   Nur al-Din al-ʾAufi, »Der arabische demokratische Frühling: Die Aus-
     nahme bestätigt die Regel«, in: *al-Mustaqbal al-ʾarabi*, Jg. 33, Nr. 386
     (April 2011), S. 139 – 142, hier S. 139.

74   Sadiq Jalal al-Azm, »Einige allgemeine Eigenschaften, die die Auf-
     stände in unserer Region prägen«, in: *al-Hayat*, 17. Mai 2011.

75   Vgl. etwa Khalil al-Anani, »Die Wandlungen des ›islamischen Phä-
     nomens‹ in Ägypten«, in: *al-Hayat*, 15. Juni 2011.

76   Gudrun Krämer, »Die islamische Demokratie. Warum die Scharia
     auch mit dem Rechtsstaat vereinbar sein kann«, in: *Die Zeit*, 24. Fe-
     bruar 2011.

77   Mit dem ausdrücklichen Wunsch nach einer solchen Rolle des Mili-
     tärs siehe Muhammad ʾAbd al-ShafiʾʾIsa, »Theoretische Hypothesen
     auf dem Prüfstein der jüngsten revolutionären Erfahrungen in Tune-
     sien und Ägypten«, in: *al-Mustaqbal al-ʾarabi*, Jg. 33, Nr. 386 (April
     2011), S. 133 – 138, hier S. 136.

78   Saudi-Arabien zählte 2010 ca. 26 Millionen, die VAE 5 Millionen,
     Kuwait 2,6 Millionen und Katar 800 000 Einwohner; davon dürften
     in Saudi-Arabien ca. 80 Prozent, in Kuwait ca. 50 Prozent, in Katar
     und den VAE 20 Prozent oder weniger auch Staatsbürger sein.

79   Vgl. Abdulaziz Sager, »Reforms the Arab monarchies cannot avoid«,
     in: *The Washington Post*, 24. April 2011.

80   Gespräche in Israel, Mai 2011.

81   Vgl. Dima Tarhini, »Inside the Arab Bloggers' Minds: Europe, De-
     mocracy and Religion«, in: *SWP Working Paper*, Juni 2011.

82   European Commission, »A partnership for democracy and shared
     prosperity with the Southern Mediterranean«, 8. März 2011.

83   Vgl. ausführlicher Volker Perthes, »A European Opening for the Arab World«, in: *Project Syndicate*, 2. Mai 2011 <www.project-syndicate.org/commentary/perthes8/English>, sowie mit weiteren Handlungsempfehlungen Muriel Asseburg, »Der arabische Frühling. Herausforderung und Chance für die deutsche und europäische Politik«, in: *SWP-Studie* 17, Juli 2011, S. 26 – 31.

84   Mit ausführlicheren Überlegungen zu diesem Thema: Stefan Mair/ Volker Perthes, »Ideen und Macht: Was definiert die relative Gewichtsverteilung in der Welt?«, in: *Internationale Politik*, 66. Jg. (Mai/ Juni 2011), S. 10 – 23.